___________ 님의 소중한 미래를 위해

이 책을 드립니다.

AI 시대, 다정함이 힘이다

AI 시대, 다정함이 힘이다

AI 시대, 다정함이 힘이다

사람을 움직이는 것은 | 결국 다정함이다

이동엽 지음

메이트북스

메이트북스 우리는 책이 독자를 위한 것임을 잊지 않는다.
우리는 독자의 꿈을 사랑하고,
그 꿈이 실현될 수 있는 도구를 세상에 내놓는다.

AI 시대, 다정함이 힘이다

초판 1쇄 발행 2026년 4월 5일 | **지은이** 이동엽
펴낸곳 (주)원앤원콘텐츠그룹 | **펴낸이** 강현규·정영훈
등록번호 제301-2006-001호 | **등록일자** 2013년 5월 24일
주소 04607 서울시 중구 다산로 139 랜더스빌딩 5층 | **전화** (02)2234-7117
팩스 (02)2234-1086 | **홈페이지** matebooks.co.kr | **이메일** khg0109@hanmail.net
값 17,000원 | **ISBN** 979-11-6002-465-4 03190

다정함은 청각 장애인도 들을 수 있고,
시각 장애인도 볼 수 있는 언어다.

· 마크 트웨인(미국의 작가) ·

다정함이란 무엇인가?

사람들은 다정함을 자주 오해한다. 상대를 불편하게 하지 않는 태도, 말을 부드럽게 하는 기술, 갈등을 피하는 성격 정도로 여긴다. 그래서 다정한 사람은 늘 참고, 양보하고, 손해를 감수하는 사람처럼 보인다. 그러나 시간이 지나면 이 생각은 한 가지 질문 앞에서 흔들린다. 왜 그렇게까지 했는데도 관계는 편해지지 않았는가.

다정함을 참는 것으로 배운 사람은 결국 지친다. 상대를 배려하는 만큼 자신을 지워야 하기 때문이다. 처음에는 관계가 부드러워지는 것처럼 보이지만, 어느 순간부터 마음이 먼저 무너진다. 상대를 위한 선택이었는데 결과적으로는 자신을 소모하는 방식이 되어버린다.

그래서 다정함은 다시 정의될 필요가 있다. 다정함은 누군가를 위해 나를 희생하는 태도가 아니다. 관계 안에서 나와 상대를 동시에 지키는 방식이다.

기술은 빠르게 발전했고, 삶은 훨씬 편해졌다. 인공지능은 판단을 대신하고, 데이터는 선택을 돕는다.

하지만 그 모든 변화 속에서도 사람을 움직이는 것은 여전히 사람이다. 결국 함께 일하고, 함께 결정하고, 함께 살아가는 존재는 사람이다.

그렇다면 마지막까지 남는 경쟁력은 무엇인가. 더 많은 정보를 아는 것인가, 더 빠르게 계산하는 능력인가.

아니다. 이미 그 영역은 기계가 인간을 압도하고 있다. 남는 것은 사람을 이해하고, 관계를 유지하고, 함께 갈 수 있는 힘이다.

그 중심에 다정함이 있다. 다정함은 이제 선택적인 미덕이 아니라, 시대가 요구하는 능력이다.

다정함은 AI 시대가 요구하는 능력이다

다정함은 성격이 아니다. 선택이다. 어떤 상황에서 어떤 말을 고를지, 어떤 태도를 취할지에 대한 일관된 결정이다.

화가 나는 순간에도 상대를 단정하지 않는 선택, 불편한 상황에서도 나를 지키면서 관계를 끊지 않는 선택, 지금 당장 이기기보다 오래 이어질 수 있는 말을 고르는 선택. 이 선택이 쌓일 때 사람은 다정해진다.

우리는 감정이 행동을 만든다고 생각한다. 하지만 실제로는 선택이 감정을 바꾼다. 어떻게 말했는지에 따라 관계가 달라지고, 관계가 달라지면 감정도 달라진다.

다정함은 감정을 억누르는 것도 아니고, 그대로 쏟아내는 것도 아니다. 그 사이에서 균형을 만드는 태도다. 이 균형은 관계를 무너지지 않게 만든다.

특히 인공지능이 많은 역할을 대신하는 시대일수록, 사

람은 사람 사이에서 자신의 가치를 증명하게 된다.

능력만으로는 부족하다. 함께 일하고 싶은 사람인지, 함께 있고 싶은 사람인지가 더 중요한 기준이 된다. 다정함은 그 기준을 결정하는 힘이다.

다정함은 관계를 살리는 힘이다

사람은 혼자 살지 않는다. 하루의 대부분은 누군가와 연결된 상태에서 이루어진다. 일도, 선택도, 감정도 사람 사이에서 움직인다. 그래서 관계는 삶의 배경이 아니라, 삶이 실제로 이루어지는 자리다.

하지만 우리는 관계를 너무 쉽게 감정에 맡겨 버린다. 기분이 상하면 거리를 두고, 서운하면 말을 끊고, 화가 나면 더 강하게 대응한다. 그 순간에는 자연스러워 보이지만, 그 선택이 반복되면 관계는 점점 어려워진다.

다정함은 이 지점에서 다른 선택을 한다. 상대를 바꾸려 하기보다, 내가 어떤 태도로 관계에 들어갈지를 먼저 정한다. 반응하기보다, 기준을 가지고 행동한다.

그리고 한 가지를 항상 점검한다. 이 말이 관계를 살리는 말인지, 아니면 무너뜨리는 말인지.

다정함은 약한 태도가 아니다. 오히려 관계를 쉽게 망치지 않기 위한 힘이다. 감정을 그대로 내보내는 것보다 훨씬 더 많은 통제와 판단이 필요하다.

그래서 다정한 사람의 관계는 겉으로 조용해 보이지만, 안에서는 단단하다. 갈등이 없어서가 아니라, 갈등을 다루는 방식이 다르기 때문이다.

다정함은 세상을 살아가기 위한 힘이다

상대를 공격하지 않으면서도 나를 지키는 일, 감정을 숨기지 않으면서도 관계를 끊지 않는 일, 지금의 편안함보다 오래 갈 수 있는 관계를 선택하는 일.

이 모든 것은 훈련되지 않으면 어렵다. 그래서 다정함은 타고나는 것이 아니라 만들어지는 것이다.

우리는 결국 사람 사이에서 살아간다. 사람 때문에 흔들리고, 사람 덕분에 다시 일어난다. 그렇다면 중요한 것은 하나다. 어떤 태도로 사람을 대할 것인가.

다정함은 그 질문에 대한 가장 현실적인 답이다. 그리고
이 AI시대에서, 다정함은 가장 강력한 경쟁력이다.

이동엽

차례

다정함이
다시 필요한 시대

- 사람 사는 느낌을 지키는 법

AI와 기술은 삶을 편하게 만들었지만, 사람을 기능처럼 대하는 기준도 함께 키웠다. 효율과 성과가 앞서면서 관계는 처리의 대상이 되었고, 사람 사는 느낌은 줄어들었다. 기억에 남는 사람은 잘하는 사람이 아니라, 함께 있을 때 마음이 느슨해지는 사람이다. 인생의 방향은 계획보다 관계에서 더 많이 흔들리고 결정된다. 그래서 이 시대에 다정함은 장식이 아니라, 사람을 사람으로 남게 하는 기준이 된다.

AI 시대,
다정한 사람이 그립다
- 기계는 늘고 사람은 점점 줄어든다

요즘 세상은 점점 더 빠르고 정확해지고 있다. 예전에는 사람이 하던 많은 일을 이제는 기계가 대신한다. 검색하고, 정리하고, 계산하는 일뿐 아니라 판단에 가까운 일까지 자동으로 처리된다. 덕분에 우리는 더 편리해졌고, 더 효율적으로 움직일 수 있게 되었다.

하지만 이 변화 속에서, 설명하기 어려운 불편함을 느끼는 사람들이 늘고 있다.

분명 살기는 편해졌는데, 사람 사이의 말은 줄어들고 표정은 짧아졌다. 대화는 필요한 정보만 남고, 감정은 점점 생략된다. 관계가 만남이 아니라 처리에 가까워지는 장면이 잦아지고 있다.

우리는 점점 사람을 사람으로 만나기보다, 하나의 기능처럼 대하게 된다. 누가 더 빠른지, 누가 더 정확한지, 누가 더 도움이 되는지가 먼저 보인다. 함께 있으면 어떤 느낌인지는 뒤로 밀리고, 어떤 역할을 해주는지가 앞에 온다. 이 기준은 일의 세계를 넘어, 관계의 세계로까지 자연스럽게 확장된다.

마르틴 하이데거는 기술이 발전할수록 인간을 관리하고 동원해야 할 대상으로만 보게 될 위험을 말했다. 모든 것을 효율과 통제로만 바라보게 되면, 사람마저도 하나의 자원처럼 취급될 수 있다는 경고다. 지금 우리가 느끼는 불편함은 단순한 피로가 아니라, 사람을 대하는 기준이 달라지고 있다는 신호에 가깝다.

기술 자체가 문제는 아니다. 문제는 기술이 만들어 낸 판단 기준이 사람을 대하는 방식까지 대신하고 있다는 점이다. 빨라야 하고, 정확해야 하고, 실수하면 곧바로 수정되거나 교체될 수 있는 존재. 이 기준 안에서는 사람도 점점 기계와 비슷한 방식으로 다뤄진다.

다정함이 더욱 중요해진다

이런 환경에서는 느린 질문이나 망설이는 말이 불필요한 것으로 취급되기 쉽다. 즉각적인 답이 나오지 않으면 비효율로 간주된다.

하지만 아이러니하게도, 사람다운 순간은 바로 그런 지점에서 나온다. 바로 대답하지 못하고, 잠시 멈추고, 한 번 더 묻는 시간 속에서 관계는 유지된다.

AI는 정답을 제시한다. 하지만 사정을 묻지는 않는다. AI는 가장 빠른 길을 알려준다. 하지만 그 길이 지금 이 사람에게 맞는지는 고려하지 않는다. 이 차이가 바로, 지금 시대에 다정함이 필요한 이유다. 다정함은 정보의 정확성을 보완하는 태도가 아니라, 관계의 결을 지켜 주는 태도다.

상대를 처리 대상이 아니라, 맥락을 가진 존재로 대하려는 선택이다. 한 번 더 묻고, 한 번 더 기다리고, 한 번 더 생각하는 태도다.

그래서 다정함은 비효율처럼 보일 수 있다. 빠른 결론 대신 여지를 남기고, 즉각적인 판단 대신 상황을 살피기 때문이다. 하지만 이 한 번의 여지가 사라지면, 관계에는 기능만 남는다.

기계가 늘어날수록 사람은 더 사람다워야 한다. 더 빠를 필요는 없다. 더 정확할 필요도 없다. 대신 사람을 기능이 아니라 존재로 대하는 기준이 필요해진다.

다정함은 기술을 거부하는 태도가 아니다. 기술의 시대에도 사람을 사람으로 대하겠다는 최소한의 선택이다.

기계는 계속 늘어날 것이다. 그래서 오히려 사람의 자리는 더 의식적으로 지켜야 한다. 그 자리를 지키는 가장 현실적인 태도가 바로 다정함이다.

사는 건 편해졌지만
다정함이 사라지고 있다
- 다정함이 더욱 그리운 이유

요즘의 생활은 분명 예전보다 간단해졌다. 모르는 것은 바로 찾을 수 있고, 많은 일은 기다릴 필요 없이 즉시 처리된다. 이동도, 연락도, 일의 속도도 모두 빨라졌다. 겉으로 보면 우리는 이전보다 훨씬 편리한 환경에서 살고 있다.

그런데 이상하게도 많은 사람들은 예전보다 더 지친다고 말한다. 하루가 끝나면 몸보다 마음이 먼저 소진된 느낌을 받는다. 쉬고 있어도 편하지 않고, 아무것도 하지 않아도 마음 한쪽이 계속 긴장된 상태로 남아 있다.

이 피로는 단순히 일이 많아서 생기는 것이 아니다. 삶을 대하는 기준이 달라졌기 때문이다.

우리는 점점 사람을 사람으로 보기보다, 역할과 기능으로 보는 방식에 익숙해지고 있다. 얼마나 잘하는지, 얼마나 빠른지, 얼마나 도움이 되는지가 먼저 보인다.

관계에서도 비슷한 기준이 작동한다. 함께 있으면 어떤 느낌인지보다, 어떤 쓸모가 있는지가 앞에 온다.

이 기준이 반복되면 사람은 존재가 아니라 기능처럼 다뤄진다. 잘할 때는 괜찮은 사람이 되고, 기대에 못 미치면 금세 불편한 존재가 된다.

이런 환경에 오래 있으면, 사람은 타인의 시선뿐 아니라 자기 자신에게도 같은 기준을 들이대게 된다. 잘한 날만 스스로를 인정하고, 그렇지 않은 날은 쉽게 못마땅해진다.

에리히 프롬은 사랑을 소유하거나 관리하는 일이 아니라, 한 사람을 있는 그대로, 그 사람 자체로 존중하는 태도라고 보았다. 하지만 지금 우리의 많은 관계는 이 태도와 점점 멀어지고 있다.

우리는 서로에게 조건을 붙인다. 이 정도는 해야 괜찮고, 이만큼은 해야 함께할 수 있다고 말한다. 그 결과 관계는 계속 긴장해야 하는 자리가 된다.

다정함은 사람을 존재로 대하게 한다

사람을 수단으로 보기 시작하면 관계는 계산에 가까워진다. 지금 도움이 되는지, 부담은 아닌지, 손해는 없는지를 먼저 따지게 된다. 그러면 마음은 늘 긴장 상태에 놓인다. 언제든 기준에서 밀려날 수 있다는 생각이 사라지지 않기 때문이다.

반대로 사람을 존재로 대하는 관계에서는 기준이 달라진다. 잘할 때만 괜찮은 사람이 아니라, 잘 못하는 날에도 함께 있어도 괜찮은 사람으로 본다. 이 차이는 작아 보이지만, 삶의 피로도를 크게 바꾼다. 관계가 평가가 아니라 머물 수 있는 자리가 되기 때문이다.

지금 우리가 힘든 이유는, 삶이 불편해서만은 아니다. 사람답게 대접받는 순간이 줄어들었기 때문이다. 속도와 효율은 늘었지만, 존재로 존중받는 경험은 점점 귀해졌다.

그래서 많은 사람들이 막연히 사람 사는 느낌을 그리워한다. 대단한 위로나 특별한 공감을 원하는 것은 아니다. 잠시라도 기능이 아니라 사람으로 머물 수 있는 자리, 성과가 아니라 존재로 인정받는 순간을 원하는 것이다.

사는 건 분명 편해졌다. 그런데 마음이 더 힘들어졌다면, 우리는 속도 말고 다른 기준을 다시 세워야 한다. 사람을 다시 사람으로 대하는 기준, 바로 다정함이다. 이 기준이 돌아올 때, 삶은 덜 소모되기 시작한다.

결국 함께 있고 싶은 사람은
다정한 사람이다
- 기억에 남는 사람의 조건

사람을 떠올릴 때 가장 먼저 남는 것은 무엇일까. 일을 얼마나 잘했는지보다, 그 사람과 함께 있었을 때의 느낌이 먼저 떠오르는 경우가 많다. 말이 편했는지, 긴장이 됐는지, 함께 있는 시간이 빠르게 흘렀는지가 기억을 만든다.

물론 능력은 중요하다. 일을 잘하는 사람은 필요하다. 하지만 시간이 지나고 나면 성과보다 태도가 더 오래 남는다. 그 사람이 내 말을 어떻게 들었는지, 실수를 어떻게 받아줬는지가 더 또렷해진다. 사람은 결과보다 관계 속에서의 경험을 더 오래 기억한다.

요즘은 무엇이든 잘해야 눈에 띈다. 빠르고 정확해야 평가받는다. 관계에서도 비슷한 기준이 작동한다. 도움이 되는지, 쓸모가 있는지가 먼저 보인다. 그러다 보니 사람을 만날 때도 함께 있고 싶은지보다 계산이 따라오고 어떤 이득이 있는지가 앞에 온다.

하지만 사람은 기능만으로 오래 함께하기 어렵다. 기능은 필요할 때 찾게 되지만, 사람은 함께 시간을 보내고 싶을 때 곁에 남는다. 이 차이는 작아 보이지만, 관계의 성격을 근본적으로 바꾼다.

아리스토텔레스는 좋은 삶이 혼자서 완성되지 않고, 관계 안에서 분명해진다고 보았다. 인간은 함께 시간을 나누는 관계 속에서 자신의 삶이 어떤 결을 갖고 있는지를 확인한다. 이 관점에서 보면, 함께 있고 싶은 사람이 된다는 것은 단순한 호감의 문제가 아니라 삶의 질과 연결된 문제다.

잘하는 사람 곁에서는 비교가 생기기 쉽다. 내가 부족한

점이 더 또렷해진다. 반대로 함께 있으면 편해지는 사람 곁
에서는 굳이 자신을 증명하지 않아도 된다. 말이 느려도 괜
찮고, 생각이 정리되지 않아도 기다려준다.

다정한 사람이 오래 남는다

이 차이는 관계의 피로도를 크게 바꾼다. 잘해야만 괜찮
은 자리에서는 만남 자체가 일처럼 느껴진다. 반대로 함께
있어도 괜찮은 자리에서는 만남이 회복에 가까워진다. 사
람은 평가받는 관계에서가 아니라, 존재로서 있을 수 있는
관계에서 다시 살아난다.

칼 로저스는 사람이 평가받지 않는 관계 안에서 가장 자
연스럽게 자기 모습을 드러낸다고 보았다. 고쳐지지 않아
도 괜찮다는 느낌이 들 때, 사람은 방어를 내려놓는다. 함께
있고 싶은 사람은 상대를 바꾸지 않아도 되는 안전한 공기
를 만든다.

사람들이 결국 오래 찾게 되는 사람은 늘 가장 뛰어난 사

람은 아니다. 같이 있으면 마음이 조금 덜 긴장되는 사람이다. 말하지 않아도 괜찮고, 침묵이 불편하지 않은 사람이다. 이 편안함은 기술이 아니라 태도에서 나온다.

잘하는 것은 존중을 만든다. 하지만 함께 있고 싶은 태도는 관계를 만든다. 우리는 흔히 더 잘하려고 애쓴다. 더 앞서가려고 한다. 물론 필요하다. 그러나 다정함이 빠진 능력은 관계를 남기지 못한다.

결국 사람은 성과가 아니라 기억으로 남는다. 그 기억은 얼마나 잘했느냐보다, 함께 있을 때 어떤 느낌이었느냐로 만들어진다. 그래서 시간이 지나면 이렇게 말하게 된다. 그 사람은 일을 정말 잘했다가 아니라, 그 사람과 있으면 편했다라고.

사람 때문에 살고
사람 때문에 흔들린다
- 인생을 좌우하는 것은 결국 다정함

사람의 인생을 돌아보면, 중요한 순간마다 늘 사람이 있었다. 어떤 말을 듣고 선택이 바뀌었는지, 어떤 만남 이후 생각의 방향이 달라졌는지를 떠올려 보면 대부분 그 자리에 사람이 있다.

우리는 혼자 결정하며 사는 것 같지만, 실제로는 사람 사이에서 많은 선택이 이루어진다.

기억에 오래 남는 장면도 대개 사람과 함께 있다. 혼자 이

룬 성취보다 누군가와 나눈 순간이 더 선명하게 남는다. 반대로 가장 아픈 기억 역시 많은 경우 사람에게서 비롯된다. 말 한마디, 태도 하나가 관계를 바꾸고, 그 여운은 생각보다 오래 마음에 남는다.

그래서 사람은 삶을 살게도 하고 흔들기도 한다. 누군가의 존재 덕분에 하루가 정돈되기도 하고, 누군가의 말 한마디 때문에 하루가 무겁게 끝나기도 한다.

사람은 관계 안에서 자기 모습을 더 분명하게 드러낸다. 혼자 있을 때보다 누군가와 마주할 때, 내가 어떤 사람인지가 더 또렷해진다. 관계는 삶의 배경이 아니라, 삶이 실제로 벌어지는 자리다.

마르틴 부버는 인간이 '나-너'의 관계 안에서 비로소 자기 자신이 된다고 보았다. 어떤 관계 안에 있느냐에 따라 삶의 결도 달라진다.

우리는 종종 사람이 문제라고 생각한다. 관계만 줄이면 편해질 거라고 믿는다. 하지만 사람을 피한다고 해서 삶이 단순해지지는 않는다. 오히려 삶은 점점 건조해진다.

관계는 늘 불안을 동반한다. 기대와 실망, 인정과 거절 같은 감정은 대부분 사람 사이에서 생긴다. 그래서 사람과의 관계는 편안하기만 한 영역이 아니라, 삶의 중심에 놓인 긴장 지점이 된다.

그럼에도 불구하고 이 영역을 완전히 비켜 갈 수는 없다. 인간의 삶 자체가 관계를 전제로 움직이기 때문이다.

다정함은 사람 사이의 정이다

문제는 사람이 아니라 사람을 대하는 방식이다. 어떤 관계는 나를 조금 더 나답게 만들고, 어떤 관계는 나를 계속 줄어들게 만든다. 어떤 만남은 삶을 넓히고, 어떤 만남은 삶을 좁힌다.

에리히 프롬은 사랑과 관계의 핵심을 '소유'가 아니라 '존중'에서 찾았다. 같은 사람이라도 어떤 태도로 만나느냐에 따라 전혀 다른 영항을 남긴다.

사람 때문에 상처받는다고 해서, 사람 없이 살 수는 없다.

대신 어떤 관계 안에 머물지, 어떤 관계를 계속 이어갈지는 선택할 수 있다. 이 선택이 쌓이면 삶의 분위기도 달라진다. 나를 지탱하는 관계가 늘어날수록 삶은 덜 흔들린다. 이는 관계의 수가 아니라 질의 문제다.

여기서 다정함은 중요한 기준이 된다. 다정함은 모든 관계를 붙잡는 태도가 아니다. 다정함은 사람을 '관리 대상'이 아니라 '함께 있는 존재'로 대하겠다는 선택에 가깝다. 어떤 관계에서 힘이 빠지는지, 어떤 관계에서 숨이 이어지는지를 구분하는 기준이다.

많은 사람들은 환경이나 능력이 인생을 바꾼다고 생각한다. 물론 그것도 중요하다. 하지만 시간이 지나 돌아보면, 결정적인 순간마다 곁에 있었던 사람의 얼굴이 떠오르는 경우가 더 많다.

칼 로저스가 말한 '성장은 안전한 관계 안에서 일어난다'는 통찰은, 인생의 방향이 관계에서 결정된다는 사실을 명확히 잘 보여준다.

누군가가 나를 어떻게 대해주었는지, 내가 어떤 사람 곁에 오래 머물렀는지는 생각보다 크게 삶을 바꾼다. 그래서 인생은 계획보다 관계에 의해 더 많이 움직인다. 사람을 어떻게 대하느냐는 삶의 태도이자, 내가 어떤 세계에 살 것인지를 정하는 기준이다.

사람 때문에 살고 사람 때문에 흔들린다는 말은, 인생이 그만큼 사람에 의해 만들어진다는 뜻이기도 하다. 이 사실을 인정하는 순간, 관계를 함부로 다루기 어려워진다.

다정함은 바로 여기서 시작된다. 관계의 영향력을 가볍게 여기지 않는 태도다.

누구와 시간을 보낼지, 누구의 말에 오래 귀를 기울일지, 어떤 관계를 삶 안에 두고 갈지. 이 선택들은 작아 보이지만 인생 전체의 방향을 바꾼다.

그래서 사람을 어떻게 대하느냐, 어떤 사람 곁에 머무느냐는 삶의 한 부분이 아니라 삶에 있어서 중심에 해당하는 가장 중요한 문제가 된다.

다정함은 신인류가
살아남기 위한 경쟁력이다
- 사람다움이 실력이 되는 시대

요즘 세상은 결과와 속도를 먼저 묻는다. 얼마나 빨리 해냈는지, 얼마나 정확했는지가 기준이 된다. 이 기준은 분명 필요하다. 하지만 이 기준만으로는 오래가기 어렵다. 기술이 빠르게 바뀌는 시대일수록, 사람에게 요구되는 역할 역시 함께 바뀌기 때문이다.

많은 일들이 이미 기계로 대체되고 있다. 계산과 정리, 반복 업무는 기계가 더 잘한다. 앞으로는 판단에 가까운 영역까지 자동화될 가능성도 커지고 있다.

이런 흐름 속에서 사람에게 남는 역할은 점점 줄어든다. 그래서 사람은 점점 더 '기계보다 나은 무엇'을 요구받는다.

다정함은 새로운 경쟁력이다

그렇다면 사람은 무엇으로 필요해질까. 더 빠르고 더 정확해지는 것만으로는 기계와 경쟁하기 어렵다. 사람에게 남는 가치는 성능이 아니라 관계에서 작동하는 능력이다.

피터 드러커는 조직이 숫자만으로 유지되지 않는다고 보았다. 성과는 필요하지만, 그것을 지속시키는 것은 신뢰와 협력이라고 말했다. 이 두 가지는 규칙이나 지시만으로 만들어지지 않는다. 사람 사이에서 반복되는 태도와 반응이 쌓여 만들어진다.

찰스 다윈은 살아남는 종은 가장 강한 종도, 가장 똑똑한 종도 아니라 변화에 잘 적응한 종이라고 말했다. 이 말은 혼자만 앞서가는 힘보다, 함께 움직일 수 있는 구조를 만드는 힘이 더 중요하다는 뜻이다.

다정함은 이 지점에서 힘을 가진다. 다정함은 약해지는 태도가 아니다. 사람 사이의 불필요한 충돌을 줄이고, 협력이 가능한 상태를 유지하는 방식이다.

말을 조금 더 조심스럽게 하는 일, 판단을 조금 늦추는 일, 상대의 상황을 한 번 더 살피는 일. 이런 태도들은 관계를 끊기지 않게 만든다.

요즘은 실력이 있어도 관계가 막히면 금방 한계에 부딪힌다. 반대로 관계가 열려 있으면 부족한 부분은 함께 보완된다. 성과는 개인의 능력에서 시작되지만, 지속은 관계 안에서 결정된다.

다정함이 경쟁력이라는 말은 착하기만 하라는 뜻이 아니다. 사람의 감정과 반응을 고려하며 일과 관계를 조율할 수 있는 능력이 중요해졌다는 뜻이다. 이 능력은 수치로 바로 보이지 않지만, 시간이 갈수록 분명한 차이를 만든다.

회의 자리에서도 갈등 상황에서도 이 차이는 드러난다. 밀어붙이는 방식은 빠를 수는 있어도 오래가기 어렵다. 사람을 남기는 방식은 처음에는 느려 보여도, 관계를 유지하며 더 멀리 간다.

기술은 계속 발전할 것이다. 더 많은 일을 대신해 줄 것이다. 그래서 사람에게 남는 가치는 점점 더 명확해진다. 관계를 다루는 능력은 함께 일할 수 있게 만드는 힘이다.

다정함은 이 모든 것의 바탕에 있다. 계산으로는 만들 수 없는 신뢰와, 지시로는 생기지 않는 협력은 사람을 사람으로 대하는 태도에서 시작된다.

이제 다정함은 장식이 아니라 전략이다. 빠르게 이기는 방법이 아니라 오래 남는 방법이다. 신인류에게 필요한 경쟁력은 더 강해지는 힘이 아니라, 함께 갈 수 있는 힘이다. 그리고 그 힘의 이름이 '다정함'이다.

이제 사람과 사람 사이에
다정함이 필요하다
- 사람을 수단이 아닌 존재로 대해야 할 시간

우리는 일상에서 많은 것을 계산하며 산다. 무엇이 더 빠른지, 무엇이 더 효율적인지, 무엇이 더 도움이 되는지가 판단의 기준이 된다. 이런 기준은 살아가는 데 필요하다. 문제는 이 계산의 기준이 사람에게까지 그대로 적용될 때부터 시작된다.

요즘 사람들은 관계에서도 성과를 먼저 따진다. 지금 도움이 되는지, 부담은 아닌지, 나에게 이익이 되는지가 앞선다. 그러다 보면 사람은 함께 살아가는 존재라기보다, 상황에 따라 쓰이고 정리되는 대상으로 다뤄진다. 관계는 점점 만남이 아니라 거래에 가까워진다.

이 방식은 겉으로 보면 합리적이다. 불필요한 감정을 줄이고, 관계를 빠르게 정리할 수 있다. 하지만 이런 관계는 오래가지 않는다. 쓸모가 줄어드는 순간, 함께할 이유도 함께 사라지기 때문이다. 사람을 기능으로만 대하는 관계는 결국 서로를 쉽게 소모시킨다.

다정함은 사람을 존재로 대하게 한다

심리학에서는 인간이 관계 안에서 가장 먼저 필요로 하는 것은 '유용함'이 아니라 '존중받고 있다는 감각'이라고 말한다. 내가 어떤 역할을 하느냐 이전에, 그 사람 자체로 대우받고 있다는 느낌이 들 때 관계는 안정된다.

이 감각이 사라지면 사람은 관계 안에서 늘 스스로를 증명해야 하는 위치에 서게 된다.

사람을 존재로 대한다는 것은, 그 사람의 성과나 역할보다 먼저 그 사람을 본다는 뜻이다. 잘할 때뿐 아니라, 잘 못하는 순간에도 함께 있어도 되는 사람으로 인정하는 태도다. 이 기준이 있을 때 관계는 평가장이 아니라, 삶이 이어지는 자리로 바뀐다.

많은 사람들이 관계에서 쉽게 지친다. 이유는 관계가 많아서가 아니다. 관계 안에서 늘 쓸모를 입증해야 하기 때문이다. 항상 괜찮은 사람이어야 하고, 항상 도움이 되어야 하는 관계는 시간이 갈수록 마음을 소모시킨다.

사람을 존재로 대할 때 이 피로는 줄어든다 상대를 관리해야 할 대상으로 보지 않게 되기 때문이다. 무엇을 해냈는지를 보기 전에, 어떤 상태에 있는지를 먼저 보게 된다.

이 기준은 타인에게만 필요한 것이 아니다. 자기 자신에게도 반드시 필요하다. 잘할 때만 괜찮은 존재가 아니라, 흔들리고 부족할 때도 존중받아야 할 존재라는 기준이다.

이 기준이 없으면 사람은 스스로를 기능처럼 대하게 된다. 잘할 때만 괜찮고, 못할 때는 스스로를 밀어낸다.

다정함은 바로 이 지점에서 의미를 갖는다. 다정함은 사람을 편하게 만들기 위한 감정이 아니라, 사람을 존재로 대하기로 선택하는 태도다. 상대를 쓰임으로 판단하지 않고, 나 역시 성과로만 나를 평가하지 않겠다는 기준이다.

세상은 앞으로도 더 빠르고 더 효율적으로 변할 것이다. 하지만 그 안에서 사람을 어떤 기준으로 대할 것인지, 우리는 선택할 수 있다.

사람을 수단으로 대할 것인지, 존재로 대할 것인지. 이 선택은 작아 보이지만 관계의 결을 바꾸고, 삶의 밀도를 바꾼다. 그리고 이것이, 기술이 아무리 발전해도 인간이 인간으로 남기 위해 끝까지 지켜야 할 기준이다.

2장

다정함이라고
믿어왔던 착각들

- 나를 지치게 만든 친절

우리가 믿어 온 다정함은 종종 참음과 희생에 가까웠다. 착하게 살수록 나는 흐려지고, 친절은 의무가 되며 마음은 지친다. 사랑이라 여겼던 관계에는 인정받고 싶다는 욕구가 섞여 있기도 하다. 다정함과 친절은 같지 않으며, 출발점이 다르면 지속력도 달라진다. 진짜 다정함은 남보다 먼저, 나를 함부로 대하지 않는 태도에서 시작된다.

다정함은
참는 일이 아니다
- 참는 것과 다정함의 차이

많은 사람들은 다정함을 참는 것과 비슷하다고 배워 왔다. 싫은 말을 삼키고, 불편한 상황을 견디고, 마음에 들지 않아도 웃으며 넘기는 태도다. 이렇게 하면 관계가 조용히 유지되고, 주변에서도 좋은 사람이라는 평가를 받는다. 그래서 다정한 사람은 늘 조금 더 참는 사람처럼 보인다.

하지만 이런 방식으로 살다 보면 마음속에 쌓이는 것이 있다. 말하지 못한 불만, 지나친 양보, 애써 무시한 피로다.

처음에는 괜찮은 선택처럼 느껴지지만, 반복될수록 관계 자체가 부담으로 바뀐다. 겉으로는 평온해 보여도, 관계 안에서 내 마음은 점점 자리를 잃는다.

여기서 중요한 질문이 생긴다. 이것이 정말 다정함일까, 아니면 그저 참고 있는 상태일까. 두 태도는 겉으로 보면 비슷하지만, 안쪽에서는 전혀 다른 방향으로 작동한다. 참는 태도는 마음을 눌러 관계를 유지하는 방식이고, 다정함은 관계를 조정하며 이어 가는 방식에 가깝다.

스토아 철학자 에픽테토스는 우리를 힘들게 하는 것은 사건 자체가 아니라 그것을 해석하는 방식이라고 보았다. 억지로 참는 태도는 이미 선택을 포기한 상태에 가깝다.

'이 관계에서는 어쩔 수 없다'고 단정한 채, 상황을 바꾸는 대신 마음만 눌러 두는 방식이다. 그래서 겉은 조용해도 안에서는 불만이 사라지지 않는다.

다정함은 이와 다르다. 다정함은 무조건 견디는 태도가 아니다. 지금 이 관계에서 무엇이 필요한지, 어디까지가 괜찮고 어디부터는 조정이 필요한지를 살펴보는 태도다.

다정함에는 감정만이 아니라 판단이 들어가고, 습관이 아니라 선택이 들어간다. 말을 할지, 거리를 둘지, 방식을 바꿀지를 스스로 결정한다.

다정함과 참는 것은 다르다

앨버트 엘리스는 사람이 스스로에게 비현실적인 요구를 할수록 감정적으로 더 쉽게 지친다고 보았다. "나는 항상 이해해야 한다", "나는 불편해도 참아야 한다" 같은 생각이 반복되면 마음은 늘 긴장 상태에 놓인다. 이때의 온화함은 여유가 아니라 자기 억제에 가깝다.

참는 방식은 당장은 관계를 유지하는 것처럼 보인다. 하지만 말하지 않은 불편은 사라지지 않는다. 다만 뒤로 밀려날 뿐이다. 그리고 그 불편은 보통 더 큰 피로로 돌아온다. 작은 일에도 예민해지고, 이유 없이 관계가 버거워지는 순간이 찾아온다.

다정함은 당장 더 불편해 보일 때도 있다. 한 번 더 설명해야 하고, 한 번 더 생각해야 하며, 때로는 상대를 실망시킬 수도 있다. 하지만 이 선택은 관계를 조금 더 건강한 방향으로 돌려놓는다. 불편을 쌓아 두는 대신, 관계 안에서 다루기 때문이다.

많은 사람들이 다정함을 희생과 동일시한다. 하지만 희생만 반복되는 관계는 오래가기 어렵다. 한쪽이 계속 줄어들기 때문이다. 다정함은 누군가를 위해 나를 없애는 태도가 아니라, 나와 상대를 함께 놓고 조정하는 태도다.

참는 사람은 자기 마음을 관계 밖으로 밀어낸다. 다정한 사람은 자기 마음도 관계 안에 올려놓는다. 이 차이는 작아 보이지만, 관계가 오래갈 수 있는지 여부를 결정한다.

다정함은 참고 견디는 일이 아니다. 다정함은 관계를 어떻게 다룰지 선택하는 태도다. 이 차이를 분명히 알게 되는 순간, 우리는 더 이상 다정함이라는 이름으로 자신을 소모하지 않게 된다.

착한 사람으로 살다 보면
내가 희미해진다
─ 늘 좋은 사람으로 살았던 대가

어떤 사람들은 늘 괜찮다고 말한다. 힘들어도 괜찮고, 불편해도 괜찮다고 한다. 부탁을 거절하지 못하고, 싫은 티를 잘 내지 않는다. 주변에서는 그런 사람을 배려가 많고 착하다고 말한다. 관계도 큰 갈등 없이 유지되는 것처럼 보인다.

하지만 이런 삶이 오래 이어지면 이상한 변화가 생긴다. 남들은 그 사람을 잘 안다고 말하는데, 정작 본인은 자신이 어떤 사람인지 잘 모르게 된다. 무엇을 좋아하는지보다 무엇을 해야 하는지가 먼저 떠오른다. 하고 싶은 말보다 삼켜야 할 말이 먼저 떠오른다.

처음에는 관계를 지키기 위한 선택처럼 보인다. 분위기를 망치지 않기 위해, 문제를 만들지 않기 위해 조금씩 물러난다. 이때의 양보는 관계를 위한 행동처럼 보이지만, 반복될수록 삶의 중심을 바깥으로 밀어낸다. 나는 점점 역할이 되고, 내 마음은 뒷순위가 된다.

칼 로저스는 사람이 조건 없이 존중받을 때 비로소 자기 자신으로 살아갈 수 있다고 보았다. 반대로 인정과 사랑이 조건과 함께 주어질 때, 사람은 '괜찮은 모습'을 유지하는 데 에너지를 쓰게 된다. 착한 사람으로 산다는 것은, 이 조건을 어기지 않기 위해 자신을 계속 조정하는 삶이 된다.

알프레드 아들러는 인간은 인정받고 싶은 욕구가 강하다고 보았다. 이 욕구를 관계 안에서만 충족시키려고 할 때, 사람은 점점 자기 기준을 잃는다. 남의 기대에 맞추는 일이 삶의 중심이 되면, 자기 감각은 자연스럽게 흐려진다.

다정함은 착한 것과도 다르다

늘 좋은 사람으로 살았던 사람들은 갈등을 피하는 데 익숙하다. 불편한 기색이 보이면 먼저 물러나고, 분위기가 어색해질 것 같으면 자기 생각을 접는다. 겉으로 보면 관계는 조용하다. 하지만 그 조용함은 평온이 아니라, 자기 목소리가 빠진 결과일 때가 많다.

그러다 어느 순간 공허함이 찾아온다. 열심히 살아왔고 큰 문제도 없어 보이는데, 마음이 비어 있는 느낌이다. 이것은 나약함의 문제가 아니다. 자기 자리를 너무 오래 비워 두었을 때 생기는 감각이다.

착하게 산다는 것은 잘못이 아니다. 문제는 착함이 늘 자기 자신을 지우는 방식으로만 사용될 때다. 그럴 때 착함은 미덕이 아니라 습관이 된다. 그리고 그 습관은 관계를 유지하는 대신, 나를 점점 희미하게 만든다.

여기서 다정함은 다른 기준을 제시한다. 다정함은 늘 맞추는 태도가 아니다. 다정함은 관계 안에 나의 감각과 한계를 함께 올려놓는 태도다. 나를 불편하게 만드는 것을 무시하지 않고, 그 불편을 어떻게 다룰지 선택하는 방식이다.

관계를 지키는 것과 나를 지키는 것은 서로 반대말이 아니다. 둘은 함께 가야 한다. 다정함은 한쪽만 계속 사라지는 관계를 정상으로 여기지 않는다. 관계가 유지되더라도, 그 안에 내가 남아 있는지를 묻는다.

칼 로저스가 말한 것처럼 사람은 있는 그대로의 자신이 받아들여질 때 가장 안정된다. 그리고 아들러가 말한 것처럼 타인의 인정이 아니라 자기 기준 위에 설 때 삶은 조금 더 단단해진다. 다정함은 이 두 조건을 동시에 가능하게 하는 태도다.

착한 사람으로 사는 것과 자기 자신으로 사는 것은 같지 않다. 이 둘을 구분할 수 있을 때, 사람은 관계 안에서도 더 이상 희미해지지 않는다. 그리고 그 지점에서, 다정함은 더 이상 나를 소모시키지 않는 힘이 된다.

나를 내려놓으면서 하는 친절은
오래가지 못한다
- 무리해서 잘해주다 지치는 이유

어떤 사람들은 남을 돕는 데 늘 최선을 다한다. 부탁을 받으면 웬만하면 들어주고, 힘들어 보여도 내색하지 않는다. 주변에서는 그런 사람을 두고 좋은 사람이라고 말한다. 관계도 겉보기에는 큰 문제 없이 유지된다.

하지만 이런 방식으로 오래 지내다 보면 어느 순간 마음이 따라오지 않는다. 특별한 사건이 없었는데도 갑자기 지치고, 누군가의 부탁이 오기 전부터 피로가 먼저 올라온다.

몸이 아니라 마음이 먼저 "이제 그만"이라는 신호를 보내는 순간이다.

문제는 친절 그 자체가 아니다. 문제는 그 친절이 나를 뺀 채로 이루어지고 있다는 점이다. 하고 싶어서가 아니라 거절하기 어려워서, 괜찮아서가 아니라 실망시키기 싫어서 하는 선택들이 반복된다. 이때 친절은 선택이 아니라 의무처럼 작동하기 시작한다.

니체는 인간이 자기 자신을 계속 부정하는 방식으로 살 때 마음속에 보이지 않는 원망이 쌓인다고 보았다. 겉으로는 괜찮은 척하지만, 안에서는 손해 보고 있다는 감정으로 남는다. 이 감정은 표현되지 못한 채 쌓였다가, 시간이 지나 짜증이나 냉소로 모습을 바꾼다.

사르트르는 인간은 자기 선택에 책임을 지는 존재라고 말했다. 어떤 선택을 반복하느냐에 따라 삶의 모습이 만들어진다는 뜻이다. 나를 계속 뒤로 미루는 선택이 쌓이면, 친절은 남지만 삶의 중심에서 나는 점점 사라진다. 남는 것은 피로와 공허뿐이다.

다정함은 나를 지키는 비결이다

처음에는 작은 양보다. 한 번 더 들어주고, 한 번 더 미룬다. 하지만 이 선택이 습관이 되는 순간, 관계는 '나의 상태'를 묻지 않는 구조로 굳어진다. 관계는 유지되지만 마음은 점점 지친다.

이 상태에서 친절은 더 이상 따뜻한 마음이 아니다. 계산 없는 호의가 아니라 버텨야 하는 역할이 된다. 그래서 친절은 오래 지속되지 못한다. 아주 사소한 일에도 쉽게 지치고, 도움 자체가 부담으로 느껴진다.

사람들은 종종 내가 조금만 더 참으면 괜찮아질 거라고 말한다. 하지만 나를 계속 빼고 만드는 평화는 오래 유지되지 않는다. 한쪽이 계속 소모되는 구조는, 결국 관계 전체를 불안정하게 만든다.

여기서 다정함은 다른 기준을 제시한다. 다정함은 무리해서 잘해주는 태도가 아니다. 다정함은 나의 여력과 상태를 포함한 상태에서 선택되는 친절이다. 할 수 있는 만큼만

하고, 감당할 수 있는 선을 지키는 태도다.

이런 친절은 쉽게 마르지 않는다. 거절할 수 있고, 조정할 수 있고, 무리하지 않아도 되기 때문이다. 다정함은 친절을 줄이는 방식이 아니라, 친절이 오래갈 수 있게 만드는 방식이다.

관계를 오래가게 만드는 것은 더 많이 해 주는 태도가 아니다. 계속 남아 있을 수 있는 방식으로 해 주는 태도다. 나를 버리지 않는 선에서의 친절만이 관계를 지탱한다.

나를 버리면서 하는 친절은 결국 관계도 함께 지치게 만든다. 그리고 그 끝에는 친절 자체에 대한 회의만 남는 경우가 많다.

그래서 중요한 질문은 이것이다. 지금 이 친절은 나를 포함하고 있는가, 아니면 나를 빼고 있는가. 이 차이가 친절의 지속력을 결정하고, 관계의 결을 바꾼다.

다정함과 친절은
같은 말이 아니다
- 마음에서 나오느냐 의무에서 나오느냐

우리는 다정함과 친절을 자주 같은 뜻처럼 쓴다. 누군가에게 잘해 주고, 먼저 나서고, 부탁을 들어주면 다정하다고 부른다. 일상에서는 이 둘을 굳이 나눌 필요가 없어 보이기도 한다. 하지만 관계를 오래 겪다 보면, 이 둘이 전혀 다른 결과를 만든다는 걸 알게 된다.

어떤 행동은 반복해도 크게 지치지 않는다. 반대로 어떤 행동은 할수록 마음이 무거워진다. 겉으로 하는 일은 비슷한데 느낌은 다르다. 이 차이는 행동의 크기가 아니라, 그 행동이 어디에서 출발했는지에서 생긴다.

친절은 주로 '해야 한다'는 생각에서 나온다. 상황상 그게 맞는 것 같아서, 기대에 어긋나지 않기 위해서, 관계를 유지하기 위해서 선택한다. 책임감 있어 보이고 성실해 보인다. 하지만 이 선택이 계속되면 마음에는 부담이 쌓인다. 하지 않으면 안 될 것 같은 느낌이 따라오기 때문이다.

의무에서 출발한 친절은 관계를 관리하는 데는 도움이 되지만, 관계를 쉽게 하지는 못한다. 그래서 친절한데도 피곤하고, 잘해 주고 있는데도 마음이 닳는다.

반면 다정함은 자연스럽게 나오는 태도에 가깝다. 그렇게 하는 게 맞다고 느껴서, 그렇게 하지 않으면 어색해서 나온다. 계산보다 태도에 가깝고, 점수를 따기 위한 행동이 아니라 관계를 대하는 기본 자세에 가깝다. 다정함은 '해야 해서'가 아니라 '이렇게 대하고 싶어서'에서 시작된다.

에리히 프롬은 사랑을 감정이 아니라 태도라고 보았다. 상대에게서 무언가를 얻기 위해 쓰는 행동이 아니라, 그 사람을 그 사람으로 대하는 자세가 사랑이라는 뜻이다. 이 관점에서 보면 다정함은 행동의 목록이 아니라 관계를 바라보는 관점이다. 무엇을 하느냐보다, 어떤 기준으로 대하느냐의 문제다.

다정함은 태도다

임마누엘 칸트는 같은 행동이라도 그 동기가 무엇인지에 따라 의미가 달라진다고 보았다. 의무에서 나온 행동과 마음에서 나온 행동은 겉으로 같아 보여도, 경험되는 질은 다르다. 관계에서도 마찬가지다. 같은 친절이라도 의무로 할 때와 마음으로 할 때, 그 안에서 느껴지는 온도는 다르다.

의무에서 나온 친절은 처음에는 관계를 잘 굴러가게 만든다. 하지만 시간이 지나면 해야 할 일처럼 느껴진다. 그러면 친절은 점점 부담이 되고, 관계는 점점 피로해진다. 잘해주고 있는데도 마음이 지치는 이유가 여기에 있다.

다정함은 반복해도 상대적으로 덜 소모된다. 물론 에너

지가 들지 않는 것은 아니다. 하지만 억지로 짜내는 힘은 아니다. 그래서 다정함이 있는 관계에서는 '버티고 있다'는 느낌이 줄어든다. 자연스럽게 남아 있을 수 있기 때문이다.

많은 사람들이 관계에서 지치는 이유는 다정해서가 아니다. 다정함처럼 보이는 의무를 오래 사용해 왔기 때문이다. 마음에서 나오지 않은 행동은 시간이 갈수록 사람을 소모시킨다.

친절은 행동이다. 다정함은 태도다. 이 둘을 구분하지 않으면 우리는 계속 같은 질문 앞에 서게 된다. 좋은 일을 하고 있는데 왜 이렇게 지칠까 하는 질문이다. 그 질문의 답은, 내가 지금 마음으로 하고 있는지 의무로 하고 있는지에 달려 있다.

다정함과 친절은 비슷해 보이지만 출발점이 다르다. 그리고 이 출발점의 차이는 관계를 오래갈 수 있게 하느냐, 아니면 빨리 지치게 하느냐를 결정한다. 다정함은 관계를 유지하는 기술이 아니라, 관계가 숨 쉬게 만드는 기준이다.

사랑인 줄 알았는데
인정이 필요했다
- 사랑과 인정 욕구의 차이

어떤 관계에서는 유난히 애쓰게 된다. 더 잘해 주려고 하고, 더 맞추려고 한다. 상대가 실망하지 않는지 계속 살핀다. 겉으로 보면 사랑처럼 보인다. 하지만 시간이 지나면 마음 한쪽이 자주 지친다.

이때 중요한 질문이 생긴다. 나는 지금 사랑하고 있는 걸까, 아니면 인정받고 싶은 걸까. 두 마음은 겉으로 드러나는 행동이 비슷하다. 잘해 주고 배려하고 신경 쓴다. 그래서 많은 관계에서 이 둘은 쉽게 구분되지 않는다. 하지만 안쪽에서 작동하는 방향은 다르다.

사람은 누구나 인정받고 싶어 한다. 이것은 자연스러운 욕구다. 문제는 이 욕구가 관계의 중심이 될 때 생긴다. 상대를 좋아해서가 아니라, 그 사람을 통해 내가 괜찮은 존재라는 확인을 받고 싶을 때 관계는 조금씩 다른 모양이 된다. 관계가 만남이 아니라 검증의 장에 가까워진다.

에리히 프롬은 사랑을 무엇을 얻기 위한 행동이 아니라 태도라고 보았다. 사랑은 상대에게서 무언가를 채우는 일이 아니라, 이미 가진 마음으로 상대를 대하는 방식이라는 뜻이다. 이 관점에서 보면 사랑은 증명을 요구하지 않는다. 사랑은 나의 가치를 상대에게서 받아 오지 않는다.

반대로 인정 욕구가 중심이 되면 관계는 계속 시험대에 오른다. 내가 충분히 잘하고 있는지, 아직 필요한 사람인지, 여전히 괜찮은 존재인지 확인받아야 마음이 놓인다. 그래서 관계 안에서 자주 긴장하게 된다. 상대의 반응이 곧 나의 상태를 판단하는 기준이 되기 때문이다.

다정함은 나를 증명하는 것이 아니다

알프레드 아들러는 인간이 열등감을 보상하려는 방향으로 행동하기 쉽다고 보았다. 인정 욕구가 강해질수록 바깥에서 가치를 확인하려는 마음도 커진다. 이때 상대는 사랑의 대상이라기보다, 나를 증명해 주는 기준이 된다.

이 구조 안에서는 상대의 반응에 따라 마음이 크게 흔들린다. 관심이 줄어들면 불안해지고, 칭찬이 없으면 관계 전체가 위태롭게 느껴진다. 사랑이 흔들리는 것이 아니라, '괜찮은 나'라는 감각이 흔들리는 것이다.

사랑은 상대의 반응에 따라 크기가 달라지지 않는다. 인정 욕구는 상대의 태도에 따라 계속 요동친다. 그래서 인정에 기대는 관계는 시간이 갈수록 더 많은 확인을 요구하게 된다. 확인이 반복될수록 관계는 점점 더 불안해진다.

우리는 종종 애쓰고 있다는 이유만으로 사랑이라고 생각한다. 하지만 애쓰는 이유가 잃지 않기 위해서인지, 함께 있기 위해서인지는 전혀 다른 문제다. 하나는 불안을 줄이기 위한 노력이고, 다른 하나는 관계를 살아 있게 두기 위한 태도다.

사랑은 나를 더 편안하게 만든다. 인정 욕구는 나를 더 긴장하게 만든다. 이 차이를 느끼기 시작하면, 관계를 바라보는 기준도 달라진다. 얼마나 애쓰고 있는지가 아니라, 그 애씀 뒤에 어떤 마음이 있는지를 보게 된다.

사랑인 줄 알았는데 인정이 필요했던 마음을 알아차리는 순간, 우리는 관계를 유지하기 위해 나를 증명하는 방식에서 조금씩 벗어날 수 있다. 그리고 그 자리에 다정함이 들어온다. 다정함은 상대를 붙잡기 위해 나를 증명하지 않아도 되는 상태다.

그때부터 관계는 시험이 아니라 만남에 가까워진다. 잘하고 있는지를 묻는 관계가 아니라, 함께 있어도 괜찮은지를 느끼는 관계로 옮겨 간다.

3장

다정함을 나에게
먼저 쓰는 연습

- 내 편이 되어주는 연습

나에게 먼저 다정해진다는 것은, 세상이 등을 돌려도 내 편으로 남는 일이다. 넘어져도 나를 버리지 않고, 실패한 나를 데리고 다시 출발하는 태도다. 자기를 미워하느라 쓰던 에너지를, 문제를 다루는 데 쓰기 시작한다. 내부 기준이 생기면, 나는 나와 함께 간다는 감각이 자리 잡는다. 그때부터 세상은 덜 무섭고, 삶은 끊어지지 않는 흐름을 갖는다.

나 자신부터 다정하게
대하기로 했다
– 나에게 하는 태도가 모든 걸 바꾼다

많은 사람들은 다정함을 남에게 어떻게 대하느냐의 문제로만 생각한다. 말투를 부드럽게 하고, 상처 주지 않으려 애쓰는 태도 말이다. 그래서 다정함은 늘 관계 기술처럼 이해된다. 하지만 정작 가장 먼저 살펴봐야 할 대상은 자기 자신이다. 의외로 많은 사람들이 남에게는 조심스럽지만, 자신에게는 가혹하다.

작은 실수에도 스스로를 심하게 몰아붙이고, 남에게는

하지 않을 말을 자기에게는 아무렇지 않게 던진다. "왜 이 것밖에 못 했어" "역시 나는 안 돼" 같은 말들이 반복된다. 이 말들은 반성처럼 들리지만, 실제로는 자기 처벌에 가깝다. 이런 태도는 성실해 보일 수는 있어도, 마음을 오래 버티게 하지는 못한다.

카를 융은 사람이 자기 자신과의 관계를 외면할수록 그 긴장이 다른 방식으로 드러난다고 보았다. 자신을 인정하지 못하면, 그 불안은 타인에게 더 예민하게 반응하는 형태로 나타나기 쉽다. 내 안에서 끊임없이 공격이 일어나면, 관계 안에서도 방어가 기본값이 된다. 자기 자신을 함부로 대하는 사람은, 결국 관계에서도 여유를 잃기 쉽다.

알베르 카뮈 역시 세상이 부조리하더라도, 자기 태도까지 무너뜨릴 필요는 없다고 보았다. 상황이 거칠다고 해서, 자기 자신에게까지 거칠게 굴어야 하는 것은 아니다. 바깥을 통제할 수 없을수록, 안쪽의 태도는 더 중요해진다. 자신을 대하는 방식은, 외부 조건과는 별개로 선택할 수 있는 영역이다.

다정함의 시작은 자신을 사랑하는 것부터

나에게 엄격해야 성장한다고 믿는 사람들도 많다. 물론 책임과 노력은 중요하다. 하지만 노력과 학대는 다르다. 계속 자신을 몰아붙이는 방식은, 의지를 키우기보다 지치게 만든다. 사람은 긴장 상태에서는 잠시 버틸 수는 있어도, 오래 움직이지는 못한다. 오래갈 수 있는 힘은 긴장에서 나오지 않는다.

자기 자신을 함부로 대하지 않는다는 것은, 나태해지겠다는 뜻이 아니다. 실수를 했을 때도 완전히 무너뜨리지 않고, 다시 조정할 여지를 남기겠다는 뜻이다. 잘못을 지적하되, 존재까지 공격하지 않겠다는 태도다. 이 태도가 있을 때, 사람은 실패 후에도 다시 움직일 수 있다.

자기에게 쓰는 말투는, 언젠가 그대로 타인에게도 쓰이게 된다. 자신에게 늘 날카로운 사람은, 관계에서도 쉽게 날카로워진다. 반대로 자신에게 기본적인 존중을 유지하는 사람은, 타인에게도 조금 더 여유를 낼 수 있다. 다정함은 성격이 아니라, 자기 취급 방식의 연장선에 있다.

그래서 다정함은 남에게 잘하는 기술이기 전에, 나를 함부로 다루지 않는 태도에서 시작된다. 내가 나를 어떻게 대하고 있는지가, 내가 세상을 어떻게 대하는지를 그대로 만든다. 자기 자신에게 가혹한 기준은, 결국 세상에도 가혹한 기준으로 옮겨 간다.

나부터 함부로 대하지 않겠다는 선택은 작아 보이지만 삶의 결을 바꾼다. 관계에서 덜 소모되고, 실패 앞에서 덜 무너진다. 무너지지 않는다는 것은 강해진다는 뜻이 아니라, 다시 설 자리를 남겨 둔다는 뜻이다. 이 차이는 시간이 갈수록 분명해진다.

진짜 다정함은 나를 희생하는 태도가 아니다. 나를 지키는 방식이다. 그리고 나를 지키는 기준이 서 있을 때, 다정함은 의무가 아니라 자연스러운 태도로 남는다. 그 기준이 바로 설 때, 다정함은 비로소 오래갈 수 있는 힘이 된다.

자신을 향한 다정함이
나를 다시 일으킨다
─ 나를 두고 가지 않는 태도

사람은 살면서 계획대로 되지 않는 순간을 피하기 어렵다. 기대했던 결과가 나오지 않거나, 준비한 만큼 해내지 못했다고 느낄 때다. 이때 많은 사람들은 가장 먼저 지금의 자신을 문제 삼는다. 그리고 마음속에서 이런 결론을 내린다. 이런 상태의 나는 잠시 치워 두고, 나아진 다음에 다시 시작하자고.

이 선택은 합리적으로 보이지만, 실제로는 출발을 늦춘

다. 지금의 나를 인정하지 않은 상태에서는 어디서부터 다시 움직여야 할지도 정하기 어렵기 때문이다. 출발선은 앞에 있는 것 같지만, 실제로는 계속 멀어진다. 시작은 미뤄지고, 마음만 더 무거워진다.

도널드 위니컷은 인간이 살아가면서 '참된 자기'와 '버텨내기 위한 자기'를 오간다고 보았다. 실패나 좌절의 순간에 사람은 종종 버텨내기 위한 모습만 유지하려 하고, 그 과정에서 현재의 자신을 떼어내 버린다. 겉으로는 다시 일어나는 것처럼 보여도, 안에서는 자기 자신과의 연결이 끊어진 상태가 된다.

도널드 위니컷의 관점에서 중요한 것은, 지금의 나를 삶의 흐름에서 제외하지 않는 일이다. 실패한 상태의 나 역시 삶의 일부로 포함될 때, 사람은 다시 움직일 수 있다. 현재의 나를 밀어낸 채로는, 다음 단계로 넘어갈 발판 자체가 생기지 않는다.

많은 사람들은 다시 일어나기 전에 먼저 괜찮은 내가 되어야 한다고 믿는다. 그래서 준비가 될 때까지 자신을 미뤄

둔다. 하지만 준비된 상태는 기다린다고 만들어지지 않는다. 대부분의 변화는 불완전한 상태에서 움직이기 시작하면서 만들어진다.

자신에게 다정하게 대할 때

넘어졌을 때 필요한 것은 완벽한 계획이 아니다. 지금의 나로 가능한 다음 한 걸음이다. 이 한 걸음은 작아도 된다. 중요한 것은 그 걸음을, 나를 데리고 떼는 일이다.

도널드 위니컷은 사람이 안전하다고 느낄 때 비로소 자발성이 살아난다고 보았다. 이 안전은 외부 환경뿐 아니라, 자기 자신과의 관계에서도 필요하다. 지금의 나를 밀어내지 않겠다는 태도는, 스스로에게 제공하는 최소한의 안전망이다. 이 안전이 있어야 다시 시도할 힘이 생긴다.

나를 데리고 다시 일어난다는 말은 실패를 없던 일로 만들겠다는 뜻이 아니다. 잘못을 가볍게 넘기겠다는 의미도 아니다. 다만 실패한 나를 출발선에서 제외하지 않겠다는 선택이다. 책임은 지되, 존재 자체를 벌하지 않는 태도다.

사람은 완벽해져서 앞으로 나아가는 것이 아니다. 대부분은 부족한 상태로 움직이며 길을 만든다. 이 과정에서 생기는 차이는 하나다. 넘어진 나를 삶의 흐름에서 끊어 내느냐, 아니면 그대로 안고 다음 장면으로 가느냐.

넘어져도 나를 데리고 다시 일어난다는 것은 나에게 관대해지겠다는 선언이 아니다. 어떤 상태의 나라도 삶의 선위에 두겠다는 태도다. 다정함은 여기서 작동한다.

실패한 나를 버리지 않는 선택, 그 선택이 삶을 다시 움직이게 한다. 그래서 삶은 끊어지지 않는다. 흔들릴 수는 있어도 완전히 멈추지는 않는다. 나를 두고 가지 않겠다는 태도는, 다시 나를 살아가게 만드는 가장 현실적인 자신에 대한 다정함이다.

다정한 사람은 자기를 미워하는 데
힘을 쓰지 않는다
- 자기 비난에 소모된 에너지

많은 사람들은 일이 잘 풀리지 않을 때, 상황보다 먼저 자기 자신을 탓한다. 결과가 마음에 들지 않으면 내가 부족해서라고 결론 내리고, 관계가 어긋나면 내가 더 잘하지 못해서라고 생각한다. 문제를 보기 전에 자신을 먼저 공격하는 방식이다.

이 태도는 겉보기에는 책임감 있어 보인다. 스스로를 엄격하게 다루는 사람처럼 보이기 때문이다. 하지만 실제로는 에너지를 가장 비효율적으로 쓰는 방식에 가깝다. 문제를 다루는 데 써야 할 힘이, 자기 비난에 먼저 빠져나가기 때문이다.

자기 자신을 미워하는 동안, 사람은 상황을 바꿀 힘을 잃어버린다. 머릿속은 "왜 나는 이 모양일까"라는 생각으로 채워지고, 그 사이에 할 수 있었던 선택들은 미뤄진다. 마음은 계속 바쁘지만, 삶의 방향은 거의 움직이지 않는다.

쇼펜하우어는 인간이 자기 자신에 대한 불만에 오래 머물수록 고통이 더 커진다고 보았다. 현실의 문제 하나에 더해, 자기 자신을 부정하는 태도가 고통을 겹겹이 쌓는다는 뜻이다. 문제보다 나를 미워하는 데 더 많은 에너지가 쓰이는 구조다.

칼 로저스는 사람이 변화하기 위해서는 먼저 자기 자신을 있는 그대로 받아들여야 한다고 보았다. 이는 자신을 좋게 보라는 말이 아니다. 자기 자신을 적으로 만들지 말라는 뜻이다. 자신을 전면적으로 부정하는 상태에서는, 무엇을 고쳐야 하는지도 흐려진다.

다정한 사람은 현명하다

자기 비난은 문제를 해결하지 않는다. 잠깐의 긴장감은 줄 수 있지만, 실제로 상황을 움직이지는 못한다. 오히려 마음의 에너지를 고갈시켜 필요한 조정과 선택을 더 어렵게 만든다. 비난은 에너지를 쓰지만, 방향을 만들지는 않는다.

문제를 다루는 것과 자신을 공격하는 것은 전혀 다른 일이다. 문제를 다루려면 에너지가 필요하다. 그런데 그 에너지를 자기 비난에 써버리면, 정작 써야 할 곳에는 힘이 남지 않는다. 그래서 자기비난이 잦은 사람일수록, 변화 앞에서 더 쉽게 지친다.

다정한 사람은 자기 자신에게 관대해서 아무것도 하지 않는 사람이 아니다. 오히려 에너지를 어디에 써야 하는지를 아는 사람이다. 자신을 깎아내리는 데 힘을 쓰기보다, 상황을 조정하는 데 힘을 쓴다.

실수했을 때 "왜 또 이래"라고 말하는 사람과, "여기서 뭘 고치면 될까"라고 말하는 사람은 겉보기에는 비슷해 보일 수 있다. 하지만 두 사람은 에너지를 전혀 다른 방향으로 쓰고 있다. 전자는 자기 내부에서 소모되고, 후자는 바깥으로 움직인다.

자기 자신을 미워하지 않는다는 것은, 자신을 무조건 좋게 보겠다는 뜻이 아니다. 잘못을 보지 않겠다는 뜻도 아니다. 다만 문제를 다루는 데 써야 할 힘을, 자기 공격에 낭비하지 않겠다는 선택이다.

이 선택이 반복되면 삶의 피로도는 분명히 달라진다. 같은 일을 겪어도 회복하는 속도가 빨라진다. 에너지가 다시 삶을 움직이는 쪽으로 쓰이기 때문이다.

다정함은 여기서 분명해진다. 다정한 사람은 자기 자신에게 면죄부를 주는 사람이 아니라, 자기혐오에 에너지를 빼앗기지 않는 사람이다. 그래서 자기를 미워하는 데 쓸 힘을, 삶을 다시 정리하고 다음 선택으로 옮기는 데 쓴다. 이 차이는 조용하지만, 삶의 흐름을 분명히 바꾼다.

자신에게 다정할 때
나에 대한 믿음이 생긴다
- 혼자가 아니라는 내부의 기준

사람은 혼자 있어도 외롭지 않을 때가 있고, 사람들 속에 있어도 고립감을 느낄 때가 있다. 이 차이는 주변에 누가 있느냐보다, 마음속에 어떤 기준이 서 있느냐와 더 깊이 연결되어 있다.

많은 사람들은 마음이 흔들릴 때 바깥에서 답을 찾으려 한다. 누군가의 말, 누군가의 반응, 누군가의 평가가 나를 대신 판단해 주기를 바란다. 하지만 이런 기준은 오래가지 않는다. 상황이 바뀌면, 그 기준도 함께 흔들리기 때문이다.

에픽테토스는 인간이 통제할 수 없는 것에 매달릴수록 더 불안해진다고 보았다. 반대로 내가 통제할 수 있는 것, 즉 나의 판단과 태도에 기준을 둘 때 마음은 훨씬 안정된다고 말했다. 이 관점에서 보면 '나는 나와 함께 간다'는 신념은, 삶의 기준이 바깥에서 안쪽으로 이동했음을 뜻한다.

이 신념은 혼자서 모든 것을 해결하겠다는 태도와는 다르다. 남의 말과 조언을 참고하되, 최종 판단의 자리를 나에게 돌려놓았다는 의미에 가깝다. 무엇을 받아들이고 무엇을 내려둘지를 스스로 정할 수 있게 되었다는 뜻이다.

한나 아렌트는 인간이 자기 자신과의 관계를 맺지 못하면, 타인과의 관계에서도 쉽게 흔들린다고 보았다. 자기 안에 대화 상대가 없는 사람은, 판단의 기준을 늘 바깥에 둘 수밖에 없다. 그러면 선택의 중심은 자연스럽게 남의 시선으로 이동한다.

내가 나와 함께 간다는 감각이 없을 때, 사람은 끊임없이 확인을 구한다. 이 선택이 맞는지, 지금의 내가 괜찮은지,

이 모습이 받아들여질 수 있는지를 계속 묻는다. 질문 자체는 나쁘지 않다. 문제는 이 질문이 판단을 대신할 때다. 그 순간 마음은 늘 불안정한 상태에 놓인다.

나에게 다정하면 변화되는 것들

반대로 내가 나와 함께 간다는 감각이 생기면 판단의 출발점이 달라진다. 남의 말보다 먼저 내 기준을 한 번 더 살펴보게 된다. 그래서 모든 의견에 휘둘리지 않고, 지금의 나에게 필요한 것만 취할 수 있게 된다.

이 감각은 단번에 만들어지지 않는다. 나를 자주 두고 가지 않고, 나를 배제하지 않고, 나와 함께 선택하는 시간이 반복되면서 조금씩 생긴다. 크지 않은 선택들이 쌓여 내부의 기준을 만든다.

'나는 나와 함께 간다'는 말은 늘 자신만만하겠다는 뜻이 아니다. 오히려 흔들릴 때도, 불안할 때도, 그 상태의 나를 출발선에서 제외하지 않겠다는 태도다.

이 태도가 생기면 사람은 조금 덜 조급해진다. 모든 관계에 매달리지 않아도 되고, 모든 평가에 즉시 반응하지 않아도 된다. 기분은 흔들릴 수 있지만, 삶의 중심까지 함께 흔들리지는 않는다.

내가 나와 함께 간다는 감각은 나를 특별하게 만들지는 않는다. 다만 어디에 있든 나를 잃어버리지 않게 만든다. 이 차이는 생각보다 크다.

혼자 있는 시간이 덜 불안해지고, 사람들 사이에서도 덜 위축된다. 무엇보다 선택의 순간에 조금 덜 흔들린다. 기준이 이미 안쪽에 있기 때문이다.

다정함은 여기에서 한 단계 더 분명해진다. 내가 나와 함께 간다는 신념은, 나에게 먼저 다정해졌다는 가장 조용한 증거다. 그리고 이 내부의 기준이 자리 잡을 때, 삶은 더 이상 외부 평가에 끌려다니지 않고 조금 더 안정된 방향으로 움직이기 시작한다.

나를 믿기 시작하자
세상이 덜 두렵다
- 내 편이 생겼을 때 달라지는 세상

사람이 세상을 무섭게 느끼는 이유는, 세상이 언제나 위험해서라기보다 모든 일을 혼자 감당해야 한다고 느끼기 때문이다. 무슨 일이 생기면 내가 혼자 책임져야 하고, 내가 혼자 버텨야 하며, 내가 혼자 해결해야 한다는 생각이 들수록 세상은 실제보다 훨씬 크게 다가온다.

이럴 때 사람은 자연스럽게 더 조심스러워진다. 새로운 선택을 미루고, 새로운 관계를 피하고, 가능한 한 안전한 쪽만 고르려 한다. 겉으로 보면 신중해 보이지만, 마음속에서는 불안이 점점 자리를 넓힌다.

많은 경우 이 불안의 중심에는 하나의 감각이 있다. '내가 나를 믿지 못한다'는 감각이다. 잘해낼 수 있을지, 감당할 수 있을지, 혹시 무너지지는 않을지에 대한 의심이 늘 따라다닌다. 이 의심이 커질수록 세상은 점점 더 위협적인 곳처럼 느껴진다.

니체는 인간이 자기 자신을 신뢰하지 못할 때, 삶을 더 무겁고 위험한 것으로 경험한다고 보았다. 자기 안에 기준이 없으면, 사람은 바깥 상황에 더 쉽게 압도된다. 반대로 자기 자신에 대한 신뢰가 생기면, 같은 상황도 전혀 다른 크기로 다가온다.

빅터 프랭클은 인간이 어떤 상황에서도 태도를 선택할 수 있다고 말했다. 상황이 완전히 안전해져서 안심하는 것이 아니라, 어떤 상황에서도 내가 어떤 태도로 남을지를 선택할 수 있다는 감각이 사람을 버티게 한다. 이것은 세상을 통제할 수 있다는 믿음이 아니라, 나를 잃지 않을 수 있다는 확신에 가깝다.

나를 믿는다는 것은 항상 잘할 거라고 생각하는 일이 아니다. 실패하지 않을 거라고 장담하는 것도 아니다. 무슨 일이 생겨도 내가 나를 완전히 버리지는 않겠다는 믿음이다. 넘어지면 정리하고, 틀리면 고치고, 흔들리면 다시 중심을 찾겠다는 태도다.

다정함은 내가 내 편이 되어 주는 것

이 믿음이 없을 때 사람은 늘 최악의 경우를 먼저 떠올린다. 그래서 시도하기 전에 지치고, 결정하기 전에 포기한다. 선택의 기준이 가능성보다 위험 쪽으로 먼저 기운다. 반대로 이 믿음이 조금이라도 생기면, 선택의 풍경이 달라진다. 여전히 조심스럽지만 완전히 움츠러들지는 않는다.

세상이 덜 무서워진다는 말은, 세상이 갑자기 안전해졌다는 뜻이 아니다. 위험이 사라졌다는 뜻도 아니다. 다만 그 위험을 '혼자서' 맞서지 않아도 된다는 감각이 생겼다는 뜻이다. 적어도 내 편 하나는 있다는 믿음이다.

그 내 편이 바로 자기 자신일 때, 사람은 훨씬 단단해진다. 누군가의 지지가 없어도 괜찮아지는 것이 아니라, 누군가의 지지가 없어도 무너지지는 않게 된다.

이 변화는 작아 보이지만 삶의 방향을 바꾼다. 도망치던 선택에서 용기 있는 선택으로, 피하던 길에서 살펴보며 가는 길로 바뀐다. 세상을 이겨 보겠다는 태도에서, 세상 앞에서도 나를 지키겠다는 태도로 이동한다.

세상은 여전히 어렵다. 하지만 나를 믿기 시작하면, 예전만큼 위협적으로만 보이지는 않는다. 위험 앞에서 나를 놓아버리지 않기 때문이다.

나를 믿는다는 것은 세상을 이길 수 있다는 뜻이 아니다. 다만 세상 앞에서 나를 잃어버리지는 않겠다는 약속이다. 그리고 이 약속이 있을 때, 세상은 분명히 덜 두려운 곳이 된다.

나를 미워하느라
인생을 소모하지 않는다
– 나를 몰아붙이지 않는 태도

많은 사람들은 생각보다 많은 시간을 자기 자신을 못마땅해하는 데 쓴다. 더 잘하지 못한 점, 더 빨리 가지 못한 점, 남들만큼 못한 점을 떠올리며 스스로를 계속 평가한다. 하루가 끝날 때, 오늘 한 일보다 못한 일이 먼저 떠오르는 사람도 적지 않다.

이 습관은 겉으로 보면 성실해 보인다. 자신을 반성하는 태도처럼 보이기 때문이다. 하지만 자신을 점검하는 일과 자신을 공격하는 일은 전혀 다르다. 문제는 많은 사람들이 이 둘을 구분하지 못한 채 하루를 마친다는 점이다.

프로이트는 인간이 자기 안의 갈등을 제대로 다루지 못하면, 그 긴장이 다른 방식으로 반복된다고 보았다. 자기 자신을 계속 몰아붙이는 사람은 쉬는 시간에도 마음이 쉬지 못한다. 겉으로는 멈춰 있는 것처럼 보여도, 안에서는 끊임없이 자신을 심문하고 있기 때문이다.

이 상태가 오래 지속되면 삶은 점점 검사받는 자리처럼 느껴진다. 무엇을 해도 아직 부족한 것 같고, 무엇을 해도 합격선에 못 미친 것 같다. 인생은 살아가는 일이 아니라, 계속 증명해야 하는 일이 된다.

아들러는 인간의 삶이 과거의 부족함보다, 앞으로 어떤 방향을 향하느냐에 따라 달라진다고 보았다. 이미 지나간 일을 반복해서 재판하는 태도는, 다음 선택을 만드는 데 거의 도움이 되지 않는다. 앞으로 나아가는 데 필요한 것은 처벌이 아니라 방향이다.

하지만 자기 자신을 미워하는 데 익숙해지면, 사람은 방향보다 처벌에 더 많은 힘을 쓴다. 잘못을 고치기보다, 잘못한 나를 벌주는 데 에너지를 쓴다. 이때 삶의 에너지는 문제 해결로 가지 않고, 자기 공격으로 소진된다.

다정함은 삶의 방식이다

삶은 원래 증명하는 자리가 아니다. 조정하고, 고치고, 다시 가는 과정이다. 그 과정에서 필요한 것은 채찍이 아니라, 다시 설 수 있는 기준이다. 나를 몰아붙이는 태도는 긴장을 만들지만, 지속력을 만들지는 못한다.

나를 미워하지 않는다는 것은, 나에게 아무 기준도 두지 않겠다는 뜻이 아니다. 잘못을 덮겠다는 뜻도 아니다. 다만 삶의 에너지를 자기 공격에 다 쓰지 않겠다는 선택이다. 문제를 고치는 데 쓸 힘을, 나를 때리는 데 더이상 쓰지 않겠다는 태도다.

매번 출발선에서 자기 자신을 먼저 혼내고 시작하면, 그 길은 늘 무겁다. 출발할 힘이 생기기 전에 이미 지쳐 버리기 때문이다.

조금 쉬어도 된다는 말은 멈추라는 뜻이 아니다. 다시 쓸 힘을 남기라는 뜻이다. 힘을 풀어야 다시 움직일 수 있다. 몰아붙이기만 하는 삶에는 회복의 자리가 없다.

자기 자신에게 계속 등을 돌린 채 사는 인생은, 아무리 열심히 살아도 쉽게 지친다. 반대로 적어도 나와는 같은 편으로 가는 인생은 속도는 느려도 덜 소모된다.

나를 미워하느라 인생의 시간을 소모할 필요는 없다. 인생은 고치면서도 살아갈 수 있고, 부족한 채로도 이어갈 수 있다. 완성된 나로만 살 필요는 없다.

이 사실을 받아들이는 순간, 삶은 빨라지지는 않지만 덜 숨 가빠진다. 그리고 이때부터 나에게 먼저 다정해지는 일은 하나의 감정이 아니라, 하나의 삶의 방식이 된다.

나를 대하던 다정함으로 다른 사람을 대할 때

- 사람 사는 느낌을 지키는 법

나를 함부로 대하지 않으면, 다른 사람을 덜 미워하게 된다. 자기 신뢰가 생기면 관계 앞에서 과도한 경계가 줄어든다. 남과의 비교를 내려놓을수록 삶은 자기 리듬을 되찾는다. 사랑은 붙잡는 것이 아니라, 각자의 자리를 존중하는 태도다. 선을 긋는 일은 관계를 망치는 행동이 아니라, 오래가게 하는 선택이다.

나를 함부로 대하지 않으니,
사람도 덜 미워진다
- 나를 대하는 태도가 관계를 바꾼다

사람을 미워하는 마음은 어디에서 시작될까. 많은 경우 그 출발점은 밖이 아니라 안쪽에 있다. 자기 자신에게 늘 엄격하고, 부족하다고 느끼며, 스스로를 다그치고 사는 사람일수록 다른 사람에게도 같은 기준을 들이대기 쉽다.

자기 자신을 편하게 두지 못하면, 남도 편하게 보기 어렵다. 나에게 허락하지 않는 것을, 다른 사람에게도 허락하지 않게 되기 때문이다. 그래서 작은 실수에도 마음이 쉽게 거칠어진다. 이해보다 평가가 먼저 나온다.

아들러의 관점에서 보면, 사람은 마음속 긴장을 바깥으로 옮기면서 안정감을 찾으려는 경향이 있다. 자기 자신에게 쌓인 불만과 불안을, 다른 사람을 향한 판단으로 풀어내는 것이다. 이때 사람은 남을 보고 있는 것 같지만, 실제로는 자기 자신과의 관계를 반복하고 있다.

칼 로저스는 사람이 진짜로 편안해지려면, 먼저 자기 자신을 있는 그대로 받아들이는 경험이 필요하다고 보았다. 자기 자신에게 늘 불합격을 주는 사람은, 다른 사람에게도 쉽게 합격을 주지 못한다. 내 안에서 계속 탈락이 반복되면, 관계 안에서도 여유는 자라기 어렵다.

우리는 흔히 이렇게 생각한다. 세상이 각박해서 내가 예민해졌다고, 사람들이 별로라서 마음이 닫혔다고. 하지만 시선을 조금만 안쪽으로 돌려 보면, 내가 나 자신에게 얼마나 거칠게 굴어왔는지가 먼저 보일 때가 많다.

자기 자신에게 늘 채점표를 들이대고 살면, 세상도 채점표로 보이기 시작한다. 누가 잘했는지, 누가 못했는지, 누가 기준에 맞는지부터 보게 된다. 그러면 관계는 자연스럽게 긴장 위에 놓인다.

다정함이 불러온 작은 기적들

반대로, 나를 함부로 대하지 않기 시작하면 시선이 조금 달라진다. 실수한 나를 바로 잘라내지 않게 되면, 실수한 남도 바로 잘라내지 않게 된다. 나에게 주던 단속의 강도가 낮아질수록 타인을 향한 판단도 함께 여유로워진다.

이 지점에서 다정함은 감정의 문제가 아니라 기준의 문제로 등장한다. 다정함은 사람을 좋게 보려고 애쓰는 태도가 아니라, 나와 남에게 적용하던 '처벌의 기준'을 거두는 선택이다.

이 변화는 성격이 바뀌어서 생기는 일이 아니다. 기준의 방향이 바뀌어서 생기는 일이다. 나를 몰아붙이던 기준을 조금 내려놓으면, 그 기준이 남에게도 덜 날카롭게 향한다.

나를 함부로 대하지 않는다는 것은, 나를 특별하게 대접하겠다는 뜻이 아니다. 최소한의 존중을 나에게 먼저 적용하겠다는 뜻이다. 실수해도 바로 무너뜨리지 않고, 부족해도 바로 밀어내지 않겠다는 태도다.

다정함은 이 최소한의 존중을 나 자신에게 먼저 허락하는 일에서 시작된다. 그리고 이 태도는 자연스럽게 관계로 확장된다.

이 태도는 관계를 느슨하게 만들지 않는다. 오히려 관계를 오래가게 만든다. 사람을 볼 때 먼저 판단하기보다, 한 번 더 보게 된다. 한 번 더 생각하게 된다.

그래서 나를 덜 미워하게 되면, 세상도 덜 미워진다. 세상이 갑자기 좋아져서가 아니라, 세상을 대하는 기준이 '비난'에서 '공존'으로 옮겨가기 때문이다.

관계는 기술로 좋아지기보다, 태도로 바뀐다. 그 태도의 이름이 이 책에서는 다정함이다. 그리고 그 태도의 출발점은 언제나 나를 대하는 방식이다.

사람들을 다정하게 대하니,
관계가 더 편해진다
- 마음이 조금 열리는 변화

사람을 조심하게 되는 데에는 여러 이유가 있다. 상처받은 경험, 실망한 기억, 믿었다가 후회한 순간들. 그래서 우리는 관계 앞에서 자연스럽게 먼저 거리를 잰다. 이 사람이 안전한지, 믿어도 되는지 계속 확인한다.

하지만 가만히 보면, 이 경계는 늘 바깥만 향해 있지는 않다. 자기 자신을 잘 믿지 못하는 사람일수록 세상도 쉽게 믿지 못한다. 내가 흔들릴까 봐, 내가 무너질까 봐, 먼저 조심하게 된다.

칼 로저스는 사람이 안정감을 느끼기 위해서는, 자기 자신에 대한 기본적인 신뢰가 필요하다고 보았다. 내가 나를 감당할 수 있다는 감각이 있을 때, 바깥은 덜 위협적으로 느껴진다. 반대로 이 신뢰가 약하면, 세상은 늘 위험한 곳처럼 보인다.

우리는 흔히 이렇게 생각한다. 사람들이 믿을 수 없어서 내가 경계가 많아졌다고. 하지만 방향을 바꿔 보면, 내가 나 자신을 믿지 못한 마음이 먼저 작동하고 있을 때가 많다. 내가 흔들리면, 세상도 더 크게 흔들린다.

우리는 어떤 상황에서도 우리의 행동을 선택할 수 있다. 이 말은, 관계 앞에서의 태도 역시 선택의 영역에 있다는 뜻이다. 늘 움츠릴지, 아니면 조금 더 나를 믿고 서 있을지를 정할 수 있다는 의미다.

나를 믿는다는 것은, 내가 항상 잘할 거라고 믿는다는 뜻이 아니다. 실수해도 나를 완전히 잃지는 않겠다는 약속에 더 가깝다.

이 감각이 생기면, 사람을 대하는 태도가 조금 달라진다. 예전처럼 모든 사람을 먼저 의심하지 않게 된다. 필요 이상으로 마음의 문을 잠그지 않게 된다.

다정함은 관계에 여유를 준다

이 지점에서 다정함은 용기의 문제가 아니라 안전의 문제로 등장한다. 다정함은 사람을 무조건 믿으라는 태도가 아니라, 내가 나를 끝까지 데리고 갈 수 있다는 믿음에서 생겨나는 여유다.

물론 모든 사람을 다 믿어야 한다는 뜻은 아니다. 다만, 모든 관계를 경계로만 시작하지 않아도 된다는 뜻이다. 출발선이 조금 달라지는 것이다.

나를 믿기 시작하면, 관계는 덜 긴장된다. 누군가의 말 한마디에 마음이 크게 흔들리지 않는다. 내가 나를 붙잡고 있다는 감각이 바탕에 깔리기 때문이다. 다정함은 이 바탕 위에서 가능해진다.

내가 무너지지 않을 거라는 신뢰가 있을 때, 사람을 덜 경계하고 조금 더 있는 그대로 보게 된다. 그래서 사람은 바깥이 안전해져서 마음이 열리는 게 아니라, 안쪽이 조금 단단해지면서 마음이 열리기 시작한다.

나를 믿는 연습은 곧 나에게 다정해지는 연습이다. 그리고 이 연습이 쌓일수록, 세상은 여전히 조심해야 할 곳이지만 예전만큼 불안한 곳은 아니게 된다.

다정함은 죄책감으로
서로를 묶지 않는다
- 죄책감이 다정함을 빼앗는 구조

죄책감은 흔히 양심의 증거처럼 여겨진다. 그래서 죄책감을 느끼는 사람은 더 책임감 있고, 더 인간적인 사람처럼 보이기도 한다. 하지만 관계 안에서 작동하는 죄책감은, 생각보다 자주 사람을 곤란한 자리에 묶어 둔다.

어떤 부탁을 거절하지 못하고, 불편한 상황에서도 말을 삼키게 만드는 힘. 이미 충분히 했는데도 "이 정도로는 부족한 것 같아"라는 생각이 따라붙는 감각. 이때 작동하는 것은 도덕적 판단이라기보다, 관계를 잃을 것 같다는 불안에 가깝다.

문제는 이 죄책감이 선택의 여지를 점점 좁힌다는 점이다. 하고 싶어서 하는 선택이 아니라, 안 하면 나쁜 사람이 될 것 같아서 하는 선택이 반복된다. 그러다 보면 관계는 자발성이 아니라 의무로 유지된다.

프로이트 이후의 심리학은 죄책감을 단순한 도덕 감정이 아니라, 관계에서 길들여진 감정으로 보았다. 특히 어린 시절부터 기대에 맞춰 행동했을수록 죄책감은 내부 규칙처럼 작동한다. 누군가를 실망시킬 가능성만 떠올라도, 마음이 먼저 움츠러든다.

이 구조 안에서는 거절이 곧 이기심처럼 느껴진다. 내 사정을 말하는 일이 변명처럼 느껴진다. 그래서 사람은 스스로를 설득한다. "이 정도는 내가 참아야지." 하지만 이 말이 반복될수록 선택은 점점 자동화된다.

죄책감에 이끌린 선택은 겉보기에는 착해 보이지만, 안쪽에서는 불만이 쌓인다. 말로는 괜찮다고 하면서, 마음에서는 계속 손해를 계산하게 된다. 이 균열은 시간이 지나면 짜증이나 냉소로 바뀌기 쉽다.

다정함은 나를 지키는 기준이다

이 지점에서 다정함은 전혀 다른 기준을 제시한다. 다정함은 죄책감을 동력으로 삼지 않는다. '미안하니까'가 아니라 '감당할 수 있는가'를 기준으로 선택한다.

다정함은 이 지점에서 다른 길을 제시한다. 다정함은 죄책감을 기준으로 행동하지 않는다. 대신 지금 이 선택이 나를 얼마나 소모시키는지, 이 관계가 계속 같은 방식으로 유지되어도 괜찮은지를 묻는다.

그래서 다정함은 착해 보이는 선택보다 지속 가능한 선택을 택한다. 지금의 나를 세우면서도 관계를 유지할 수 있는지를 먼저 본다.

죄책감을 느끼지 않는 것이 목표가 아니다. 죄책감이 생겼을 때, 그것이 정말 나의 책임인지, 아니면 관계를 유지하기 위해 길들여진 반응인지를 구분하는 것이 중요하다. 이 구분이 없으면, 죄책감은 계속 나를 대신해 선택한다.

다정함은 이 선택권을 다시 나에게 돌려준다. '미안해서 하는 일'과 '선택해서 하는 일'을 구분하게 만든다.

죄책감에서 벗어난다는 것은, 차갑게 변하겠다는 뜻이 아니다. 오히려 선택을 다시 내 손으로 가져오겠다는 뜻에 가깝다. 하고 싶어서 하는 일과, 안 하면 불안해서 하는 일을 구별하겠다는 선택이다.

이 선택이 가능해질 때, 관계의 결도 달라진다. 계속 미안해하며 머무는 관계가 아니라, 감당할 수 있는 만큼만 책임지는 관계가 된다. 그 안에서 다정함은 희생이 아니라 조정의 형태로 남는다.

죄책감이 나를 착한 사람으로 묶어 두는 순간을 알아차리는 것. 이것이 관계에서 다시 숨을 쉬기 시작하는 첫 지점이다. 그리고 그때부터, 다정함은 나를 소모시키는 태도가 아니라 나를 지키는 기준으로 작동한다.

다정함은 상대를
있는 그대로 두게 한다
– 소유하지 않는 사랑

사람은 좋아하는 것을 잃지 않기 위해 붙잡고 싶어진다. 관계에서도 비슷하다. 가까워질수록 상대가 내 곁에 계속 있어야 한다는 마음이 커진다. 그래서 모르게 확인이 늘고, 방향을 정해 주고, 바꾸려는 말이 많아진다.

처음에는 이것이 배려처럼 느껴진다. 걱정해서, 지켜주고 싶어서, 놓치고 싶지 않아서 하는 행동처럼 보이기 때문이다. 하지만 시간이 지나면 관계 안에 긴장이 쌓인다. 대화보다 관리가 많아지고, 이해보다 점검이 늘어난다.

에리히 프롬은 말하길, 사랑은 소유하는 것이 아니라고 했다. 누군가를 내 것으로 붙들어 두는 것이 아니라, 그 사람이 그 사람으로 존재하도록 존중하는 쪽이 사랑에 가깝다는 관점이다. 이 기준에서 보면, 붙잡으려는 마음은 사랑과 닮아 있지만 다른 방향에 서 있다.

붙잡는 관계에서는 불안이 중심이 된다. 변할까 봐 불안하고, 멀어질까 봐 불안하다. 그래서 확인이 잦아지고, 간섭이 늘어난다. 그러다 보면 관계는 자연스럽게 함께 있는 자리보다 관리의 대상이 된다.

칼 로저스는 사람이 스스로 선택하고 스스로 성장할 수 있다고 믿어줄 때, 관계가 가장 안정된다고 보았다. 누군가를 바꾸려는 태도는, 결국 그 사람을 신뢰하지 못한다는 신호가 되기 쉽다. 신뢰가 줄어들수록 통제는 늘어난다.

이 지점에서 다정함은 분명한 기준을 드러낸다. 다정함은 상대를 붙잡아 두는 방식이 아니라, 상대가 자기 자리에서 설 수 있도록 두는 태도다.

사랑은 상대를 묶어 두는 힘이 아니라, 각자가 자기 자리에서 설 수 있게 두는 힘에 가깝다. 같이 있어도, 각자의 선택과 속도가 존중되는 상태다. 곁에 있지만, 대신 살지 않는 관계다.

관계를 오래 지속시키는 힘, 다정함

붙잡지 않는다는 것은 무관심해진다는 뜻이 아니다. 책임을 내려놓는다는 뜻도 아니다. 통제하려는 태도를 내려놓겠다는 뜻이다. 상대의 삶을 대신 결정하지 않겠다는 선택이다.

다정함은 바로 이 선택에서 시작된다. 불안해서 관리하는 대신, 믿고 기다리는 쪽을 택하는 일이다. 이렇게 태도가 바뀌면 관계의 공기가 달라진다. 확인보다 대화가 늘고, 지시보다 질문이 많아진다. 함께 있어도 숨이 조금 더 편해진다.

많은 사람들은 놓아두면 멀어질까 봐 걱정한다. 하지만 실제로는 너무 세게 붙잡을 때 관계가 더 빨리 지친다. 자유가 없는 관계는 오래 이어지기 어렵다.

사랑은 관계를 묶어 두는 끈이 아니라, 관계가 스스로 유지되도록 돕는 바탕에 가깝다. 이 바탕이 있을 때, 사람은 억지로 붙들지 않아도 곁에 머문다. 다정함은 이 바탕을 지키는 태도다.

상대를 잃지 않기 위해 조이는 방식이 아니라, 관계가 숨 쉴 수 있도록 여지를 남기는 방식이다.

붙잡지 않는 사랑은 상대를 시험하지 않는다. 확인으로 관계를 유지하지도 않는다. 대신 신뢰를 전제로 움직인다. 그래서 덜 불안하고, 덜 소모된다.

사랑은 내 곁에 두는 일이 아니라, 함께 있어도 각자가 자기 삶을 살 수 있게 두는 일이다. 이 차이를 받아들이는 순간, 관계는 훨씬 가벼워진다. 그리고 이 가벼움이야말로, 다정함이 관계를 오래가게 만드는 방식이다.

다정함은 선을 그어도
미안해하지 않는다

- 나와 남을 함께 지키는 거리

사람들 중에는 거절을 어려워하는 사람이 많다. 부탁을 받으면 먼저 상대 기분부터 떠올리고, 불편해질까 봐 말을 삼킨다. 그래서 마음속에서는 이미 힘든데, 입으로는 괜찮다고 말한다.

이런 선택이 반복되면, 관계는 조금씩 기울어진다. 한쪽은 계속 맞추고, 다른 쪽은 그걸 자연스럽게 받아들인다. 처음에는 작은 일인데, 시간이 지나면 마음의 피로가 쌓인다.

많은 사람들은 선을 긋는 것이 이기적인 일이라고 생각한다. 하지만 사실 선이 없으면, 관계는 오래 유지되기 어렵다. 기준이 없는 관계는 결국 한쪽의 소모 위에서만 유지되기 때문이다.

아들러의 관점에서 보면, 사람은 자기 삶의 책임을 자기가 질 때 가장 안정된다. 그런데 선을 못 긋는 사람은, 남의 기대까지 자기 몫으로 떠안는다. 그러다 보면 자기 삶의 자리가 점점 줄어든다. 관계는 남아 있어도, 나의 위치는 조금씩 사라진다.

에리히 프롬은 건강한 관계는 상대를 소유하지도, 지배하지도 않는다고 보았다. 이 말은, 서로의 경계를 인정하는 관계가 필요하다는 뜻이다. 경계가 있어야 존중이 유지되고, 존중이 있어야 다정함도 지속된다.

이 지점에서 다정함은 분명한 방향을 가진다. 다정함은 무엇이든 들어주는 태도가 아니라, 감당할 수 있는 범위를 솔직하게 드러내는 태도다.

선을 긋는다는 것은 관계를 끊겠다는 뜻이 아니다. 거리를 두겠다는 뜻도 아니다. 역할과 책임을 분리하겠다는 뜻이다. 내가 감당할 수 있는 것과, 그렇지 않은 것을 구분하겠다는 선택이다.

다정함은 경계 위에 관계를 세운다

선을 긋지 못하면, 마음은 늘 초과 근무를 한다. 해야 할 일보다, 해주고 있는 일이 더 많아진다. 그러면 관계는 점점 부담으로 느껴진다. 좋은 마음으로 시작한 관계가 피로의 원인이 된다.

반대로, 선을 그을 수 있게 되면 관계는 오히려 안정된다. 무엇을 해줄 수 있고, 무엇은 어렵다고 말할 수 있기 때문이다. 기대와 책임의 범위가 분명해진다.

많은 사람들은 거절하면 미안해해야 한다고 배웠다. 하지만 사실은, 감당할 수 없는 것을 떠안고 있는 상태가 더 오래 미안해질 일을 만든다. 쌓인 불만은 언젠가 다른 방식으로 관계를 흔들기 때문이다.

다정함은 여기서 한 번 더 기준을 세운다. 지금의 미안함을 피하려고 관계를 소모시키지 않겠다는 선택이다.

선을 그어도 미안해하지 않는다는 것은, 무례해지겠다는 뜻이 아니다. 나를 지키면서 관계를 유지하겠다는 뜻이다. 나를 잃지 않는 선에서 함께 가겠다는 선택이다.

이 태도가 생기면, 관계는 더 솔직해진다. 억지로 맞추는 일이 줄고, 가능한 것과 불가능한 것이 분명해진다. 그래서 오히려 오해가 줄어든다.

경계를 가진 사람은 차갑지 않다. 오히려 오래 함께 갈 수 있는 방식을 알고 있는 사람이다. 자기 한계를 인정할 줄 아는 사람이기 때문이다.

다정함은 경계를 허무는 태도가 아니라, 경계 위에 관계를 세우는 태도다. 그래서 다정한 사람은 끝내 자신도, 관계도 함께 지킨다.

관계는 희생으로만 유지되지 않는다. 서로의 경계를 존중할 때 더 오래간다.

다정함은 고쳐야 사랑받는다는
생각을 버리게 했다
- 조건 붙은 사랑에서 벗어나기

우리는 자주 지금의 나를 임시 상태로 둔다. 이 정도는 고쳐야 괜찮은 사람이라는 생각 때문이다. 그래서 현재의 나는 늘 부족하고, 아직 자격이 덜 된 존재처럼 느껴진다. 잘할 때는 안심하지만, 조금만 어긋나도 마음은 금세 불안해진다. 삶은 살아가는 과정이라기보다, 통과해야 할 시험처럼 느껴진다.

이 기준은 관계에서도 그대로 작동한다. 있는 그대로 만나기보다, 잘하고 있는지 끊임없이 점검하며 사람을 대한다. 사랑받는 이유가 존재가 아니라 조건이 되면, 관계는 자연스럽게 긴장 위에 놓인다. 편해야 할 자리에서도 마음은 늘 대비 상태다. 언제든 부족하다고 판정받을 수 있다는 생각이 관계를 조심스럽게 만든다.

에리히 프롬은 사랑을 누군가를 바꾸거나 소유하는 일이 아니라, 그 사람이 그 사람으로 존재하도록 존중하는 태도로 보았다. 이 관점에서 보면, 고쳐져야 사랑받는다는 생각은 사랑과는 다른 방향에 서 있다. 그 생각은 상대뿐 아니라 나 자신에게도 반복해서 같은 메시지를 보낸다. 지금의 너는 아직 충분하지 않다는 메시지다.

조건을 충족해야만 받아들여지는 환경에서는, 변화보다 긴장이 먼저 커진다. 사람은 숨게 된다. 고쳐야 할 부분이 들킬까 조심하며, 있는 그대로의 모습을 뒤로 밀어 둔다.

문제는 이 조건이 쉽게 끝나지 않는다는 데 있다. 하나를 넘기면 또 다른 기준이 생긴다. 그래서 만족은 늘 잠깐이고, 불안은 다음 단계에서 기다린다. 사람은 계속 공사 중인 상태로 자신을 대하며, 지금의 삶을 충분히 살지 못한다. 현재는 늘 준비 단계로 밀려난다.

다정함은 조건 없는 수용이다

다정함은 이 구조를 다른 방향으로 돌려놓는다. 다정함은 고치지 않아도 된다고 말하는 태도가 아니다. 먼저 밀어내지 않겠다는 태도다. 지금의 상태를 출발점으로 인정하겠다는 선택이다. 판단보다 수용을 먼저 두는 이 순서가, 변화의 가능성을 실제로 열어 준다.

조건 없는 수용은 아무것도 바꾸지 말자는 뜻이 아니다. 순서를 바꾸자는 제안이다. 먼저 받아들이고, 그다음에 조정하자는 방식이다. 자신을 벌주며 고치려 할 때보다, 이 방식이 훨씬 현실적으로 작동한다. 마음이 안전해야 조정도 가능해지기 때문이다.

고쳐야 사랑받는다는 생각을 내려놓는다는 것은 완벽해지기를 포기하는 일이 아니다. 자신을 처벌하며 바꾸려는 방식을 멈추겠다는 태도다. 실수는 자격을 잃었다는 증거가 아니라, 방향을 다시 맞추라는 신호가 된다. 이 신호를 적대적으로 읽지 않을 때, 사람은 다시 움직일 수 있다.

다정함은 바로 이 지점에서 삶의 진정한 태도가 된다. 잘해도, 못해도, 지금의 나를 완전히 배제하지 않는 태도다. 조건을 충족해야만 머물 수 있는 자리가 아니라, 조정하면서 함께 갈 수 있는 자리를 스스로에게 허락하는 일이다.

사람은 고쳐져서 사랑받는 존재가 아니다. 받아들여지는 자리에서 조금씩 자라는 존재다. 이 순서를 다시 세우는 순간, 관계는 이전과는 다른 속도로 움직이기 시작한다. 다정함은 그 변화를 가능하게 하는 가장 현실적인 기준이다.

다정함이
삶을 바꾸는 순간들

- 사람 곁에서 다시 살아나는 마음

다정한 사람은 넘어지지 않는 사람이 아니라, 더 빨리 회복하는 사람이다. 눈치를 보지 않아도 되는 관계에서 사람은 제 속도로 숨을 쉰다. 존중받는 자리에서는 자신을 줄이지 않아도 된다. 함께하는 사람은 나를 대하는 방식을 바꾸고, 삶의 방향을 바꾼다. 그래서 다정함은 삶의 회복력을 만든다.

다정한 사람은
다시 더 빨리 일어난다
- 회복을 앞당기는 태도

사람은 누구나 넘어질 수 있다. 일이 잘 안 풀릴 때도 있고, 관계에서 상처를 받을 때도 있다. 중요한 차이는 넘어지느냐가 아니라, 넘어진 뒤 얼마나 오래 그 자리에 머무느냐다. 어떤 사람은 오래 주저앉아 있고, 어떤 사람은 비교적 빠르게 다시 움직인다.

다정한 사람은 보통 후자에 가깝다. 특별히 더 강해서가 아니다. 자신을 다루는 방식이 다르기 때문이다. 넘어졌을 때, 자신을 더 몰아붙이기보다 먼저 숨을 고르고 상태를 정리하는 쪽을 선택한다.

니체의 관점에서 보면, 인간은 고통을 피하는 존재라기보다 고통을 통과하며 자기 힘을 다시 배열하는 존재에 가깝다. 문제는 고통 자체가 아니라, 그 고통을 어떻게 해석하느냐다. 실패를 자기 부정의 증거로 삼느냐, 아니면 방향을 조정하라는 신호로 삼느냐에 따라 이후의 움직임은 전혀 달라진다.

다정한 사람은 실패를 곧바로 자기 비난으로 연결하지 않는다. 잘못을 보지 않는다는 뜻이 아니다. 다만 잘못을 이유로 자신을 무너뜨리지 않는다. 그래서 회복이 빠르다. 에너지를 자책에 쓰지 않고, 정리와 새로운 시작에 쓴다.

이 말은 넘어졌을 때의 태도 역시 선택의 영역에 있다는 뜻이다. 주저앉아 자신을 공격할지, 아니면 상태를 정리하고 다시 일어설지를 고를 수 있다는 의미다. 즉 우리는 매 순간 선택할 수 있는 것이다.

다정함은 회복 탄력성을 강하게 한다

다정한 사람은 자기 자신에게 먼저 이런 태도를 적용한다. "왜 또 이랬어"라는 질문보다, "여기서 무엇을 다시 맞추면 될까"라는 질문이다. 질문이 바뀌면, 회복의 방향도 달라진다.

많은 사람들은 자신을 세게 다뤄야 다시 일어날 수 있다고 믿는다. 하지만 실제로는 너무 세게 다룰수록 다시 움직이기까지 더 오랜 시간이 걸린다. 마음이 먼저 닳아버리기 때문이다.

다정함은 약해지는 태도가 아니다. 회복에 쓰는 힘을 아끼는 태도다. 불필요한 자기 공격을 줄이고, 필요한 정리에 에너지를 쓰는 방식이다.

그래서 다정한 사람은 다시 더 빨리 일어난다. 덜 아파서가 아니다. 아픈 상태에서 자신을 다루는 방식이 다르기 때문이다. 쓰러진 자신을 적으로 보지 않고, 다시 데리고 가야 할 대상으로 본다.

이 차이는 시간이 갈수록 크게 벌어진다. 자주 넘어지는 사람이 더 지치는 것이 아니라, 넘어진 뒤 오래 머무는 사람이 더 지친다. 반대로, 빨리 정리하고 다시 움직이는 사람은 같은 횟수로 넘어져도 덜 지친다.

다정함은 넘어지지 않게 만드는 능력이 아니다. 넘어지고 난 후 시간을 줄여 주는 능력이다. 그래서 삶 전체의 리듬을 지켜준다. 회복이 빨라질수록, 삶은 끊어지지 않고 이어진다.

다정함은 서로를
눈치 보지 않게 한다
- 편해질 수 있는 관계의 조건

사람은 누구와 함께 있느냐에 따라 말의 톤이 달라진다. 어떤 자리에서는 말이 줄고, 어떤 자리에서는 표정이 먼저 풀린다. 이유는 단순하다. 눈치를 봐야 하는 자리인지, 그렇지 않아도 되는 자리인지의 차이다.

눈치를 보는 상태에서는 마음이 늘 바쁘다. 이 말을 해도 되는지, 이렇게 행동해도 되는지 계속 계산한다. 그래서 몸은 자리에 있어도, 마음은 늘 반쯤 밖에 나가 있다. 함께 있어도 쉬지 못하는 이유다.

반대로, 함께 있어도 눈치를 보지 않아도 되는 사람이 있다. 말이 조금 느려도 괜찮고, 잠깐 조용해져도 괜찮은 사람. 그 곁에서는 굳이 설명하지 않아도 된다. 이유를 붙이지 않아도 된다.

칼 로저스는 사람이 편안해지려면, 평가받지 않아도 된다는 느낌이 먼저 필요하다고 보았다. 계속 판단받는 자리에서는 사람은 자신을 보호하는 쪽으로 움직인다. 하지만 판단이 줄어들면, 사람은 자연스럽게 진정한 자기 모습을 드러낸다.

아들러의 관점에서 보면, 사람은 소속감을 느낄 때 가장 안정된다. 이 소속감은 잘해서 생기기보다, 함께 있어도 밀려나지 않는다는 감각에서 만들어진다. 자리에서 밀려나지 않을 거라는 확신이 있을 때, 사람은 비로소 긴장을 푼다.

이 지점에서 다정함은 관계의 성격을 바꾼다. 다정함은 상대를 편하게 해주려 애쓰는 기술이 아니라, 상대가 자신을 방어하지 않아도 되게 만드는 태도다.

다정함이 살아있는 관계를 바란다

눈치를 보지 않아도 되는 관계에서는, 말이 조심스러워지기보다 솔직해진다. 틀릴까 봐 침묵하는 대신 생각을 나누게 된다. 관계가 시험장이 아니라, 대화가 가능한 자리로 바뀌기 때문이다.

사람들은 관계가 편해지려면, 더 잘 맞춰야 한다고 생각한다. 하지만 실제로는, 덜 맞춰도 되는 자리에서 관계는 더 오래간다. 계속 맞추는 관계는, 한쪽이 먼저 지치기 쉽다.

눈치를 보지 않아도 함께 있을 수 있다는 것은, 상대가 나를 함부로 평가하지 않을 거라는 신뢰가 있다는 뜻이다. 그리고 내가 나를 지나치게 숨기지 않아도 된다는 뜻이다.

이 신뢰는 설명으로 만들어지지 않는다. 상대를 다정하게 대하는 태도, 즉 틀려도 바로 밀어내지 않고, 조용해져도 불안해하지 않는 태도 속에서 쌓인다.

이런 관계에서는 실수의 의미도 달라진다. 실수는 자격을 잃는 사건이 아니라, 그냥 지나가는 일 중 하나가 된다.

그래서 마음이 덜 경직된다.

사람이 살아난다는 말은, 갑자기 기운이 솟는다는 뜻이 아니다. 숨을 조금 더 깊게 쉴 수 있게 된다는 뜻에 가깝다. 긴장을 풀고, 원래 속도로 돌아온다는 뜻이다.

눈치 보지 않아도 함께 있으면 편해진다는 것은, 특별한 대접을 받는다는 뜻이 아니다. 서로 최소한의 안전을 느낀다는 뜻이다. 다정함은 바로 이 최소한의 안전을 만들어내는 힘이다.

모든 관계가 다 이렇게 될 수는 없다. 하지만 인생에 이런 사람이 한두 명만 있어도, 삶의 질은 크게 달라진다. 늘 긴장하는 삶에서, 잠시 내려놓을 수 있는 삶으로 방향이 바뀐다.

사람은 혼자서만 편해지기 어렵다. 다정함이 살아 있는 관계 안에서, 조금씩 제 모습을 되찾는다. 그래서 다정함은 생각보다 삶에 큰 영향을 준다.

다정함은 서로를
존중하게 만든다
- 존중받는 자리의 변화

사람은 누구와 함께 있느냐에 따라 자기 크기가 달라진다. 어떤 사람 앞에서는 말이 줄어들고, 어떤 사람 앞에서는 설명이 길어진다. 괜히 눈치를 보게 되고, 스스로를 조금씩 줄이게 된다.

자기를 줄이는 자리는 처음에는 큰 문제가 없어 보인다. 원래 성격이 조심스러운 것 같고, 원래 그런 관계라고 생각하기 쉽다. 하지만 이런 시간이 길어지면, 사람은 자기 기준을 조금씩 낮추게 된다.

칼 로저스는 사람이 편안해지려면, 있는 모습 그대로 받아들여진다는 느낌이 필요하다고 보았다. 계속 고쳐져야 하는 자리에서는, 사람은 자신을 드러내기보다 숨기게 된다. 관계는 유지되지만, 마음은 점점 불편해진다.

아들러의 관점에서 보면, 사람은 소속감을 느낄 때 자기 자리를 지킨다. 이 소속감은 잘해서 얻는 것이 아니라, 밀려나지 않는다는 감각에서 만들어진다. 내가 줄어들지 않아도 된다는 확신이 있을 때, 사람은 자기 크기를 유지한다.

이 지점에서 다정함은 존중의 형태로 나타난다. 다정함은 상대를 배려하는 말솜씨가 아니라, 상대가 스스로를 줄이지 않아도 되게 만드는 태도다.

나를 존중해 주는 사람 곁에서는 말이 조금 느려도 괜찮다. 생각이 정리되지 않아도 나를 기다려준다. 설명을 잘 못해도, 함부로 판단하지 않는다. 그래서 굳이 자신을 줄일 이유가 없다.

이런 관계에서는 의견을 내는 것이 부담이 되지 않는다.

틀릴까 봐 침묵하기보다, 말해도 괜찮다는 쪽으로 마음이 움직인다. 관계가 시험장이 아니라, 대화의 자리가 되기 때문이다.

다정함은 존중이다

많은 사람들은 관계를 유지하려면, 자신을 조금씩 깎아야 한다고 생각한다. 하지만 실제로는, 자신이 줄어드는 관계는 오래가기 어렵다. 한쪽이 계속 작아지면, 관계의 균형은 결국 무너진다.

존중은 큰 말에서 나오지 않는다. 사소한 반응에서 드러난다. 말을 끊지 않는 태도, 결론을 미리 정하지 않는 태도, 다르게 생각할 수 있다는 여지를 남겨 두는 태도에서 만들어진다.

이 사소한 태도들이 쌓일 때, 관계는 다정해진다. 다정함은 상대를 키워 주겠다는 의도가 아니라, 상대가 스스로를 지킬 수 있게 두는 방식이다.

이런 태도가 있는 사람 곁에서는, 굳이 자신을 방어하지 않아도 된다. 그래서 에너지가 덜 든다. 관계가 부담이 아니라, 즐거운 자리가 된다.

나를 존중해 주는 사람과 간다는 것은, 나를 특별하게 대접해 달라는 뜻이 아니다. 최소한 나를 작게 만들지 않는 자리에 머물겠다는 뜻이다.

이 선택이 쌓이면, 삶의 방향도 조금씩 바뀐다. 더 이상 자신을 줄이는 쪽으로 관계를 고르지 않게 된다. 대신 자기 크기를 유지할 수 있는 쪽으로 움직이게 된다.

사람은 관계 속에서 자기 모습을 배운다. 그래서 다정함이 살아 있는 관계는, 나를 더 나답게 만든다. 다정함은 생각보다 삶의 결을 크게 바꾼다.

다정함은 진정
나를 나로 살게 한다
- 있는 그대로 있어도 되는 느낌

사람은 관계 속에서 자기 모습을 정한다. 어떤 사람 곁에서는 말이 줄어들고, 어떤 사람 곁에서는 굳이 설명하지 않아도 된다. 같은 나인데, 함께 있는 사람에 따라 내가 허락되는 범위가 달라진다.

많은 관계에서는 자신을 조금씩 조정하게 된다. 말을 고르고, 표정을 관리하고, 생각을 한 번 더 걸러 낸다. 큰 문제는 없어 보이지만, 이런 시간이 길어지면 사람은 자기 원래 모양을 점점 잊는다.

칼 로저스는 사람이 안정감을 느끼려면, 있는 그대로 받아들여진다는 경험이 필요하다고 보았다. 계속 고쳐져야 하는 자리에서는, 사람은 자신을 드러내기보다 숨기게 된다. 관계는 유지되지만, 마음은 편해지지 않는다.

융의 관점에서 보면, 사람은 사회에 맞추기 위해 여러 역할을 한다. 이 역할이 너무 두꺼워지면, 어느 순간 자기 본래 모습이 무엇인지 헷갈리게 된다. 관계가 많아질수록 오히려 내가 사라지는 느낌이 들 때가 있다.

이때 다정함은, 나를 더 잘 만들겠다고 요구하는 태도가 아니라 지금의 나를 인정하는 태도로 나타난다. 다정함은 "더 나아져야 괜찮다"는 조건 대신 "지금 이 모습으로도 여기 있어도 된다"는 신호를 보낸다.

어떤 사람 곁에서는 굳이 힘을 주지 않아도 된다. 말이 매끄럽지 않아도 괜찮고, 기분이 가라앉아 있어도 설명하지 않아도 된다. 그 자리는, 나를 증명하지 않아도 되는 자리다.

다정함은 자신으로 머물 수 있게 해주는 힘

이런 관계에서는 실수의 의미도 달라진다. 실수는 분위기를 깨는 사고가 아니라, 그냥 지나가는 일 중 하나가 된다. 그래서 마음이 덜 경직된다.

나는 나로 살아도 괜찮아진다는 말은, 아무렇게나 살겠다는 뜻이 아니다. 책임을 내려놓겠다는 뜻도 아니다. 다만 나를 지나치게 수정하지 않겠다는 뜻이다.

다정함은 나를 느슨하게 풀어버리는 태도가 아니라 나를 과도하게 다그치지 않게 만드는 것이다. 그래서 이 감각은 방임이 아니라 안정에 가깝다.

이 태도가 생기면, 관계를 고르는 기준도 바뀐다. 나를 더 잘 꾸밀 수 있는 자리가 아니라, 나를 덜 숨겨도 되는 자리를 찾게 된다.

그렇게 선택이 쌓이면, 삶의 피로도도 달라진다. 사람을 만나고 돌아와서 더 지치지 않는다. 오히려 조금 덜 힘들다. 마음이 계속 긴장하지 않기 때문이다.

나는 나로 살아도 괜찮다는 감각은, 자신감이 넘친다는 뜻이 아니다. 나를 과하게 역할에 맞게 연기하지 않아도 된다는 뜻이다.

다정함이 있는 관계에서는 "괜찮은 나"를 연기하지 않아도 된다. 그래서 사람은, 애쓰지 않아도 자기 크기로 서 있게 된다.

이 감각이 있을 때, 사람은 관계 안에서도 자기 크기를 유지할 수 있다. 있는 그대로의 모습으로 서 있을 수 있다. 그리고 그 상태에서, 관계는 훨씬 오래갈 수 있는 모양이 된다.

다정함은 결국, 사람이 자기 자신으로 머물 수 있게 해주는 힘이다.

다정함은 특별하지 않아도
괜찮다고 말해준다
- 평범해도 괜찮다는 허락

많은 사람들은 마음속에 작은 목표 하나를 숨겨 두고 산다. 남들보다 조금은 더 나아져야 한다는 기준이다. 눈에 띄지는 않지만, 이 기준은 하루의 선택을 계속 흔든다. 평범한 하루가 오면, 괜히 멈춰 선 것 같은 기분이 든다.

그래서 사람들은 자주 스스로에게 묻는다. 나는 지금도 충분한가. 이 질문이 잦아질수록 삶은 비교의 자리로 이동한다. 잘한 날보다, 남보다 앞선 날이 기준이 된다. 그러다 보면 평범한 날들은 쉽게 의미를 잃는다.

쇼펜하우어의 관점에서 보면, 사람은 자신이 가진 것보다 늘 부족한 쪽을 더 크게 느끼는 경향이 있다. 이때 마음은 현재보다 결핍을 중심으로 움직인다. 특별해지려는 욕심은, 지금의 삶을 임시로 느끼게 만든다.

다정함이 알려주는 평범함의 가치

니체는 사람이 자기 기준을 잃고 남의 기준으로만 자신을 보기 시작할 때, 삶의 중심이 흔들린다고 보았다. 남보다 앞서는 것이 목표가 되면, 내가 어디로 가는지는 점점 중요하지 않아진다. 기준은 자연스럽게 바깥으로 밀려난다.

이렇게 살다 보면 평범한 하루를 견디기 어려워진다. 특별한 성과가 없는 날은 실패처럼 느껴진다. 하지만 대부분의 인생은 눈에 띄지 않는 날들로 이루어져 있다. 그 날들을 통과하지 못하면, 삶 전체가 계속 공백처럼 느껴진다.

특별해지지 않아도 괜찮다는 말은 아무렇게나 살겠다는

뜻이 아니다. 더 이상 나의 가치를 비교 위에 올려두지 않 겠다는 선택에 가깝다. 남과의 우열이 아니라, 나의 방향을 기준으로 살겠다는 뜻이다.

여기서 다정함은 위로가 아니라 기준의 전환으로 등장한 다. 다정함은 "너도 특별해질 수 있다"라고 부추기는 태도 가 아니라, 특별하지 않은 지금의 나에게도 자리를 허락하 는 태도다.

이렇게 기준이 바뀌면 하루를 대하는 태도도 달라진다. 오늘이 남들보다 앞섰는지가 아니라, 오늘 내가 나를 지나 치게 몰아붙이지 않았는지를 보게 된다. 성과의 크기보다, 삶의 지속 가능성이 더 중요해진다.

평범해도 괜찮다는 허락은 삶의 긴장을 크게 낮춘다. 눈 에 띄지 않는 날에도 자리를 지킬 수 있게 해준다. 계속 증 명하지 않아도, 나는 이미 이 자리에 머물 수 있다는 감각 이 생긴다.

다정함은 이 감각을 유지하게 한다. 오늘의 결과로 내 가 치를 재단하지 않고, 평범한 하루에도 나를 밀어내지 않는 선택이다.

많은 사람들은 특별해야 의미가 있다고 믿는다. 하지만 실제로 삶을 이루는 것은 반복되는 평범한 하루들이다. 그 하루들을 미워하지 않고 통과할 수 있을 때, 삶은 비로소 이어진다.

자기 자신에게 평범해도 괜찮다고 말해줄 수 있는 사람은 삶을 과하게 흔들지 않는다. 잘된 날에도 들뜨지 않고, 안 된 날에도 자신을 함부로 밀어내지 않는다.

특별해지지 않아도 괜찮은 존재로 살아간다는 것은 포기하는 삶이 아니다. 계속 비교하며 속도를 올리는 대신, 방향을 잃지 않는 삶을 선택하는 일이다.

이 선택이 쌓이면 삶은 화려해지지는 않는다. 대신 안정된다. 그리고 그 안정 위에서, 사람은 자기 속도로 행복하게 살아갈 수 있게 된다.

내가 받은 다정함을
다시 타인에게 건네게 된다
- 다정함이 이어지는 순간

사람은 자기가 대접받아 본 방식으로 사람을 대하게 된다. 무시받으며 자란 사람은 무시하는 언어에 먼저 익숙해지고, 존중받으며 지낸 사람은 존중하는 태도가 자연스럽다. 의식하지 않아도, 관계의 언어는 이렇게 이어진다.

다정함 역시 배워서 쓰는 기술이 아니라, 경험을 통해 몸에 남는 태도에 가깝다. 누군가에게서 다정하게 대접받아 본 사람은, 그 방식을 설명 없이 기억한다. 말투, 기다림, 판단을 미루는 방식, 쉽게 결론 내리지 않는 태도 같은 것들이 기준처럼 남는다.

칼 로저스는 사람이 조건 없이 받아들여지는 경험을 할 때, 다른 사람에게도 비슷한 태도를 쓰게 된다고 보았다. 평가받지 않아도 괜찮았던 기억은, 관계를 다루는 기준 자체를 바꾼다. 그래서 다정함은 배워서 흉내 내는 것이 아니라, 내 안에 깃들어서 나오는 태도다.

우리는 흔히 다정함을 의식적인 선택이라고 생각한다. 오늘은 여유가 있으니 다정하게 대해야지, 기분이 좋으니 조금 더 참아 주자고 마음먹는다.

하지만 실제로 다정함은 그런 계산보다 앞서 나온다. 이미 한 번 다정함을 경험해 본 사람은, 비슷한 상황에서 자동으로 다시 또 다른 사람을 다정하게 대한다.

다정함을 건넨다는 것은, 기분이 좋을 때만 친절하겠다는 뜻이 아니다. 하루의 컨디션과 상관없이, 어떤 태도를 기본값으로 쓸 것인지를 정하는 일이다.

그래서 다정함은 거래가 아니다. 돌려받기 위해 쓰는 태도가 아니다. 내가 먼저 다정하면 손해 보지 않을까, 이용당하지 않을까 하는 계산과는 다른 차원에 있다.

다정함은 상대의 반응을 통제하기 위한 전략이 아니라, 내가 어떤 사람으로 살 것인지를 드러내는 방식이다.

다정함은 사람들을 변화시킨다

내가 받은 다정함을 다시 건넨다는 것은, 세상을 바꾸겠다는 거창한 선언이 아니다. 다만, 내가 경험한 좋은 방식을 여기서 끊지 않겠다는 선택이다. 받았던 다정함을, 나 혼자만의 기억으로 남기지 않겠다는 태도다.

이 선택은 아주 작아 보인다. 한 번 더 기다려 주는 일, 한 번 덜 몰아붙이는 일, 한 번 더 사정을 고려해 보는 일이다. 하지만 이런 선택들이 반복되면, 관계의 공기는 분명히 달라진다.

다정함은 크게 티가 나지 않는다. 박수를 받지도 않고, 성과로 기록되지도 않는다. 그런데 이상하게도, 다정함이 오간 자리는 오래 남는다. 그때 내가 어떻게 대접받았는지는, 시간이 지나도 쉽게 잊히지 않는다.

사람은 자기가 받은 대접의 수준으로, 자기 기준을 만든다. 그래서 좋은 대접을 받은 경험은 나 혼자만의 사건으로 끝나지 않는다. 그 경험은 다음 관계에서 내가 쓰는 언어와 태도로 자연스럽게 옮겨 간다.

물론 다정함을 건넨다고 해서 모든 관계가 좋아지는 것은 아니다. 다정함은 상대의 선택까지 바꾸지는 못한다. 하지만 내가 어떤 태도를 쓰며 살 것인지는 끝까지 내가 결정할 수 있다.

내가 받은 다정함을 다시 건네게 된다는 말은, 그 다정함을 헛되이 쓰지 않겠다는 뜻이다. 우연히 받은 좋은 태도를, 여기서 끊지 않겠다는 다짐이다.

이렇게 이어지는 다정함은, 눈에 보이는 변화보다 관계의 온도를 먼저 바꾼다. 말은 조금 덜 거칠어지고, 판단은 조금 늦춰지고, 관계는 조금 더 오래 이어진다.

세상이 갑자기 친절해지는 일은 드물다. 하지만 한 사람의 태도가 바뀌는 일은 생각보다 자주 일어난다. 그리고 그 한 번의 변화는, 다음 사람에게로 이어질 수 있다.

다정함은 그렇게 이동한다. 특별한 사람이 만들어 내는 것이 아니라, 누군가에게서 받은 것을 다시 건네는 방식으로.

다정함이
삶의 태도가 될 때

- 사람을 쉽게 포기하지 않는 마음

마음이 부드러워지면 세상이 전부 적처럼 보이지 않는다. 사람에게는 저마다의 사연이 있다는 시선이 관계의 온도를 바꾼다. 다정함은 사람을 쉽게 포기하지 않게 만드는 기준이 된다. 받은 다정함은 다시 건네지며, 관계를 통해 이어진다. 그럼에도 인간을 믿는 쪽으로 다정함은 우리를 이끈다.

세상이 더 이상
적으로 보이지 않는다
- 세상과 더불어 함께 하는 법

마음이 지치면 세상은 쉽게 거칠게 보인다. 뉴스도, 사람들의 말도, 주변의 표정도 전부 나를 공격하는 쪽으로 읽힌다. 누군가 나를 무시하는 것 같고, 해치려는 것 같다. 이때 세상은 실제보다 훨씬 적대적인 공간으로 해석된다.

이 상태에서는 하루 자체가 긴장이다. 길을 걸어도, 일을 해도, 사람을 만나도 마음이 먼저 대비한다. 방어가 기본 자세가 되면, 작은 말에도 날카로워지고 작은 일에도 쉽게 지친다. 하루는 늘 싸울 준비로 끝난다.

하지만 세상이 실제로 전부 적대적인 경우는 많지 않다. 문제는 세상이 아니라, 내가 세상을 바라보는 상태다. 마음이 늘 자신과 싸우고 있으면, 그 감각이 바깥으로 옮겨 간다. 그러면 세상은 자연스럽게 위협적인 곳처럼 느껴진다.

알베르 카뮈는 인간이 부조리한 세계를 살아간다고 보았다. 세상은 언제나 이해 가능하거나 친절하지 않다. 그러나 그렇다고 세상이 곧바로 적이 되는 것은 아니다. 핵심은 그 부조리를 어떻게 견디고 마주하느냐의 문제다.

빅터 프랭클은 상황을 바꾸지는 못해도, 해석의 방향은 고를 수 있다고 했다. 세상을 전부 적으로 볼지, 복잡하지만 함께 살아야 할 공간으로 볼지는 선택할 수 있다.

다정함은 바로 이 해석의 방향을 조정하는 태도다. 다정함은 세상을 미화하는 태도가 아니다. 위험을 부정하는 것도 아니다. 다만, 세상을 기본적으로 적대적인 공간으로 단정하지 않겠다는 선택이다.

다정함, 세상을 바라보는 눈을 바꾸다

이 선택이 없으면 사람은 늘 전투 상태로 산다. 누구를 만나도 먼저 경계하고, 어떤 말이 와도 먼저 의심한다. 관계는 쌓이기보다 소모되고, 하루는 방어로 끝난다.

다정함이 생기면, 세상을 바라보는 기본 태도가 달라진다. 모든 사람이 나를 해칠 가능성부터 가진 존재가 아니라, 각자 사정 속에서 살아가는 사람으로 보이기 시작한다. 같은 말도 덜 공격적으로 들리고, 상황을 조금 더 여유 있게 바라보게 된다.

그렇다고 세상이 갑자기 좋아진 것은 아니다. 다만 해석의 기준이 바뀐 것이다. 이 기준이 바뀌면 불필요한 긴장이 줄어든다. 매 순간 자신을 지키기 위해 싸울 필요가 줄어들기 때문이다.

사람들은 세상이 삭막해졌다고 말한다. 하지만 실제로는 내 마음이 날카로워져 세상이 더 무서워 보이는 경우도 많다. 안쪽의 시선이 바깥의 해석을 바꾼다.

다정함은 이 악순환을 끊는 쪽이다. 세상을 적으로 규정하기 전에 한 번 더 유보하는 태도다. 이 사람도, 이 상황도 내가 지금 느끼는 만큼 단순하지 않을 수 있다는 쪽을 택하는 일이다.

세상이 전부 적처럼 보이지 않게 된다는 것은 세상을 순진하게 믿는다는 뜻이 아니다. 세상을 무조건 경계해야 할 대상으로만 보지 않겠다는 뜻이다.

이 차이 하나로 하루의 표정이 바뀐다. 사람을 만나는 태도가 달라지고, 상황을 해석하는 속도가 달라진다. 무엇보다 마음이 덜 긴장한다.

다정함은 세상을 안전한 곳으로 만들지는 않는다. 하지만 세상을 전부 전쟁터로 보지 않게는 만든다. 그 사이의 공간에서 사람은 더 오래, 덜 소모되며 살아갈 수 있다.

사람은 다 저마다
사연이 있다는 것을 알게 된다
- 조금 더 이해하게 되는 마음

사람을 보다 보면 우리는 자주 빠르게 판단한다. 왜 저렇게 말했을까, 왜 저렇게 행동했을까. 눈에 보이는 한 장면만으로 그 사람의 성격과 의도를 정리해 버린다. 그러고 나면 마음은 잠시 편해진다. 세상이 단순해진 것처럼 느껴지기 때문이다.

하지만 관계가 어긋나는 지점은 대개 이 빠른 정리에서 시작된다. 한 번의 말, 한 번의 행동으로 사람 전체를 규정하는 순간, 이해의 여지는 닫힌다. 그 자리에 남는 것은 설명되지 않은 거리감이다.

다정함은 바로 이 지점에서 다른 선택을 한다. 판단을 빨리 내리는 대신, 결론을 잠시 늦춘다. 지금 내가 보고 있는 장면이 전부일지, 아니면 일부일지를 한 번 더 묻는다. 다정함은 사람을 좋게 보려는 태도가 아니라, 사람을 쉽게 확정하지 않으려는 태도다.

알프레드 아들러는 인간의 행동을 원인이 아니라 목적의 관점에서 보았다. 겉으로는 이해하기 어려운 행동도, 그 사람의 자리에서는 나름의 필요와 방향이 작동하고 있다는 뜻이다. 우리는 그 맥락을 알지 못한 채 결과만 보고 판단하는 경우가 많다.

쇼펜하우어 역시 인간은 각자의 경험과 조건 속에서 세상을 해석한다고 보았다. 같은 상황을 두고도 전혀 다른 반응이 나오는 이유는 성격 차이라기보다, 그 사람이 서 있는 자리의 차이에 가깝다.

이렇게 보면 사람의 행동은 생각보다 단순하지 않다. 그 순간의 감정, 지나온 경험, 지금 감당하고 있는 부담이 함께 작용한다. 우리는 그중 일부만 보고, 전부를 본 것처럼 결론을 내린다.

다정함의 기본은 이해

"사람은 다 저마다 사연이 있다"는 말은, 모든 행동을 이해해 주자는 뜻이 아니다. 잘못을 없던 일로 만들자는 말도 아니다. 다만, 내가 보고 있는 장면이 그 사람의 전부는 아닐 수 있다는 사실을 기억하자는 제안이다.

이 관점이 없으면 관계는 금세 딱딱해진다. 이해되지 않는 행동은 곧바로 비난의 대상이 된다. 그러면 대화는 줄고, 판단은 늘어난다. 사람을 만나면서도 마음은 계속 긴장 상태에 놓인다.

다정함은 이 자동 반응을 잠시 멈추게 한다. "왜 저러지"라는 질문 대신, "저 사람에게는 무슨 일이 있을까"라고 묻는다. 질문이 바뀌면, 관계의 공기도 달라진다. 공격보다는 이해가 먼저 나온다.

이해가 늘어난다고 해서, 모든 것을 받아줘야 하는 것은 아니다. 선은 여전히 필요하다. 다만 선을 긋더라도, 사람을 통째로 규정하지 않게 된다. 행동과 사람을 분리해서 보는 여유가 생긴다.

이 태도는 관계의 마찰을 줄여 준다. 불필요한 적대감이 줄고, 오해가 오래 머물지 않는다. 무엇보다 나 자신이 덜 지친다. 매번 사람을 재판하듯 보지 않아도 되기 때문이다.

사람을 이해한다는 것은 그 사람 편을 드는 일이 아니다. 그 사람의 자리를 한 번쯤 상상해 보는 일에 가깝다. 이 한 번의 이해가, 관계의 방향을 크게 바꾼다.

우리는 모두 자기 사정으로 살아간다. 나도 그렇고, 상대도 그렇다. 이 사실을 잊지 않게 되면 세상은 조금 덜 날카로워진다. 그리고 관계는 더 오래 이어질 수 있다.

다정함은 사람을 쉽게 판단하지 않겠다는 결심에서 시작된다. 그 결심이 반복될수록, 우리는 조금 더 이해하는 사람이 된다.

사람을
쉽게 포기하지 않는다
- 관계를 놓지 않게 되는 이유

관계가 힘들어지면 가장 먼저 떠오르는 선택은 그만두는 일이다. 설명해도 달라지지 않을 것 같고, 기다려도 나아지지 않을 것 같을 때 사람은 자연스럽게 철수를 생각한다. 더 애쓰는 쪽만 지치는 것처럼 느껴지기 때문이다.

물론 모든 관계를 끝까지 붙잡아야 한다는 뜻은 아니다. 거리를 둬야 할 관계도 있고, 정리하는 것이 더 건강한 경우도 있다. 다정함은 모든 관계를 유지하라는 요구가 아니다. 다만 요즘은 불편함이 생기면, 다뤄보기 전에 포기를 먼저 선택하는 쪽으로 쉽게 기울어 있다. 관계가 충분히 살펴지기도 전에 종료된다.

니체는 인간이 어려움을 피하는 대신 그것을 통과하며 자기 힘을 다시 정렬한다고 보았다. 관계도 마찬가지다. 늘 편하기만 한 관계는 드물다. 중요한 것은 불편함이 생겼을 때 즉시 도망치느냐, 아니면 그 지점을 어떻게 통과하느냐다. 이 선택에 따라 관계의 깊이는 전혀 달라진다.

사람을 쉽게 포기하지 않는다는 것은 문제를 없던 일로 만들겠다는 뜻이 아니다. 참고 견디겠다는 뜻도 아니다. 관계가 흔들릴 때, 이해와 조정의 가능성을 한 번 더 살펴보겠다는 태도다.

아직 다뤄지지 않은 대화가 있는지, 아직 정리되지 않은 감정이 남아 있는지를 확인하는 일이다.

많은 관계는 조금만 더 설명했으면 풀렸을 오해에서 끝난다. 조금만 더 시간을 두었으면 지나갈 감정에서 끊어진다. 타이밍의 문제로, 충분히 다뤄질 수 있었던 관계가 중간에서 멈추는 경우는 생각보다 많다.

다정함은 이 지점에서 작동한다. 다정함은 상대를 무조건 감싸는 태도가 아니다. 성급한 결론을 잠시 미루는 태도다. 지금 보이는 이 장면이 전부인지, 아니면 과정의 일부인지 한 번 더 살펴보는 일이다.

다정함은 관계를 이어주는 끈이다

이 태도가 없으면 관계는 성과처럼 평가된다. 지금 나에게 편한지, 지금 나에게 도움이 되는지로만 판단된다. 곧 불편함은 탈락 사유가 된다.

하지만 사람은 물건처럼 교체해도 되는 존재가 아니다. 관계는 누적의 결과다. 함께 보낸 시간, 겪은 사건, 쌓인 감정이 겹쳐 만들어진다. 이 누적은 한두 번의 실망으로 전부 사라지지 않는다.

사람을 쉽게 포기하지 않는다는 것은, 이 누적을 존중하겠다는 뜻이기도 하다. 지금의 감정 하나로 관계 전체를 재단하지 않겠다는 선택이다. 한 장면이 아니라 흐름으로 보겠다는 태도다.

물론 계속 다치기만 하는 관계는 내려놓는 것이 맞다. 다정함은 자기 파괴를 요구하지 않는다. 다만 포기가 가장 빠른 반응이 되지 않게 하자는 제안이다.

관계를 조금 더 오래 바라보는 사람은 사람을 한 장면이 아니라 시간으로 본다. 한 번의 말이 아니라 전체의 맥락으로 본다. 그러면 관계는 불필요하게 끊어지지 않는다.

사람을 쉽게 포기하지 않는다는 태도는 관계를 질질 끈다는 뜻이 아니다. 관계를 조금 더 깊게 가져가겠다는 뜻이다. 이 기준이 있을 때 다정함은 감정이 아니라, 삶을 대하는 태도가 된다.

다정함은 조용하지만
가장 단단한 용기다
- 약해 보이지만 가장 강한 용기

사람들은 흔히 용기를 큰 목소리와 강한 행동으로 떠올린다. 밀어붙이고, 맞서고, 끝까지 버티는 모습이다. 그래서 조용히 한 번 더 생각하고, 쉽게 상처 주지 않는 선택은 종종 약한 태도로 오해된다. 말이 적고 반응이 느리면, 물러난 것처럼 보이기 때문이다.

하지만 실제로 더 어려운 쪽은 감정이 앞설 때 브레이크를 거는 일이다. 화를 낼 수 있을 때 멈추는 것, 단정할 수 있을 때 유보하는 것, 밀어낼 수 있을 때 한 번 더 바라보는 일은 생각보다 많은 힘을 요구한다. 즉각적인 반응을 선택하지 않는 일은, 순간의 쾌감을 내려놓는 선택이기도 하다.

스피노자는 인간이 감정에 끌려다니는 상태보다, 감정을 이해하고 다루는 상태를 더 능동적인 삶으로 보았다. 충동에 따라 반응하는 것은 쉽지만, 반응을 선택으로 바꾸는 일은 어렵다.

다정함은 감정을 없애는 태도가 아니라, 감정 위에 판단을 올려놓는 태도에 가깝다. 자동으로 튀어나오는 반응 대신, 한 번 더 생각할 수 있는 태도를 고르는 일이다.

아리스토텔레스는 용기를 무모함과 비겁함 사이의 선택으로 보았다. 너무 쉽게 공격하지도 않고, 그렇다고 도망치지도 않는 상태다. 다정함은 이 중간 지점에 서 있다. 싸워야 할 때를 피하지 않되, 싸우지 않아도 되는 싸움을 스스로 멈추는 선택이다.

다정함은 감정을 억누르는 것이 아니라, 감정을 다루는 쪽을 택한다. 그래서 겉으로는 조용해 보여도, 안쪽에서는 분명한 결단이 이루어진다.

이 선택은 눈에 잘 띄지 않는다. 성과처럼 기록되지도 않고, 박수를 받지도 않는다. 하지만 매번 더 쉬운 길을 내려놓고, 더 어려운 길을 선택하는 일이다. 즉각적인 만족 대신, 관계와 자신을 동시에 지키는 길을 고르는 일이다. 그래서 다정함은 꾸준한 힘을 요구한다.

다정함으로 자기 주도성을 회복한다

사람은 상처받으면 먼저 상대를 밀어내고 싶어진다. 차갑게 굴고, 거리를 두고, 관계를 끊어 버리고 싶어진다. 이때 다정함을 선택하는 것은 자기 보호를 포기하는 일이 아니다. 관계를 망가뜨리는 방식으로 자신을 보호하지 않겠다는 선택에 가깝다.

그래서 다정함은 에너지가 든다. 아무 생각 없이 날카로워지는 쪽이 훨씬 쉽기 때문이다. 다정함은 매번 자동 반응을 멈추고, 다른 길을 선택하는 일이다. 이 반복된 선택이 사람의 태도를 만든다.

이런 선택이 쌓이면, 사람은 자기 태도를 스스로 선택할 수 있게 된다. 감정에 끌려가지 않고, 상황에 떠밀리지 않고, 내가 어떤 사람이 될지를 결정하는 쪽으로 움직이게 된다. 다정함은 결국 자기 주도성을 회복하는 방식이기도 하다.

다정함은 부드러운 성격의 문제가 아니다. 자기 통제와 방향 선택의 문제다. 그래서 다정함은 기술이 아니라 용기다. 그것도 소리 나지 않는 용기다.

조용하지만, 가장 많은 싸움을 이기는 용기다. 밖의 싸움이 아니라, 내 안의 충동과 싸워 이기는 용기다. 그래서 다정함은 약해 보이지만, 실제로는 가장 단단한 태도다.

그럼에도
이제 사람을 믿을 수 있다
─ 그래도 인간을 믿고 싶어지는 이유

살다 보면 사람 때문에 실망하는 일이 더 많다. 말이 바뀌고, 약속이 어겨지고, 기대가 무너진다. 그래서 마음은 점점 계산적으로 변한다. 다치지 않기 위해 먼저 거리를 두고, 먼저 의심하는 쪽이 더 안전해 보인다.

이 선택은 충분히 이해할 만하다. 실제로 사람은 늘 기대에 맞게 행동하지 않는다. 관계는 종종 피곤하고, 오해는 쉽게 생긴다. 그래서 사람들은 말한다. 사람은 믿는 게 아니라고, 적당히 선을 두는 게 맞다고.

하지만 이렇게 살기 시작하면 삶은 점점 조심스러워진다. 만남은 관리가 되고, 관계는 위험 요소가 된다. 마음은 늘 대비 상태에 머문다. 덜 다치기 위해 택한 방식이, 삶 전체를 긴장 속에 두는 방식으로 굳어 간다.

사람을 믿지 않기로 한 선택은 당장은 편하다. 기대하지 않으면 실망도 줄어든다. 하지만 그 편안함은 오래가지 않는다. 기대하지 않는 만큼, 관계에서 얻는 것도 함께 줄어들기 때문이다.

괴테는 인간을 지금의 모습만으로 보지 말고, 될 수 있는 모습까지 함께 보라고 말했다. 이 말은 사람을 낙관적으로 보라는 주문이 아니다. 사람을 한 장면으로 확정하지 말라는 제안이다. 지금의 실망스러운 모습이 그 사람의 전부는 아닐 수 있다는 여지를 남겨 두라는 뜻이다.

빅터 프랭클은 세상이 계속 실망을 주더라도, 그 실망 앞에서 어떤 쪽으로 설지는 내가 정할 수 있다고 했다. 닫히는 쪽으로 갈지, 그래도 열어 두는 쪽으로 갈지, 우리는 선택할 수 있다.

사람을 믿는다는 것은 아무 의심 없이 맡긴다는 뜻이 아니다. 상처받을 가능성을 모른 척하겠다는 뜻도 아니다. 다만 세상을 전부 불신이라는 기준으로만 보지 않겠다는 선택이다.

다정함은 사람들과 함께 가는 것

이 선택이 없으면 삶은 점점 방어적인 방향으로 굳어진다. 새로운 사람을 만나도 먼저 선을 긋고 시작한다. 그러면 관계는 깊어지기보다, 늘 안전한 거리에서만 머문다. 관계는 유지되지만, 만남은 축소된다.

그럼에도 불구하고 사람을 믿는 쪽으로 간다는 것은, 세상이 늘 친절하다고 믿겠다는 말이 아니다. 모든 관계를 전쟁처럼 시작하지 않겠다는 뜻이다. 먼저 적으로 규정하지 않겠다는 태도다.

이 태도는 때로 손해처럼 보일 수 있다. 더 쉽게 실망할

수도 있다. 하지만 이 태도가 없으면 삶은 점점 닫힌 공간
이 된다. 관계는 줄고, 이야기의 폭도 함께 줄어든다. 사람
은 안전해질 수는 있지만, 풍부해지기는 어렵다.

사람을 믿는 쪽으로 간다는 것은 결과를 보장받는 선택
이 아니다. 성공을 담보로 한 선택이 아니라, 방향을 정하는
선택이다. 어떤 사람이 될지를 스스로 정하는 일이다.

늘 의심하는 사람으로 살 것인지, 조심하면서도 관계를
열어 두는 사람으로 살 것인지. 이 둘 사이에는 삶의 결이
분명히 다르다. 같은 세상을 살아도, 경험하는 세계의 밀도
가 달라진다.

다정함은 이 선택을 가능하게 한다. 다정함은 세상을 낙
관적으로 만들지는 않는다. 하지만 세상을 전부 적대적으
로 보지 않게 만든다.

그럼에도 인간을 믿는 쪽으로 간다는 것은, 세상을 바꾸
겠다는 선언이 아니다. 내가 어떤 태도로 살지를 정하겠다
는 조용한 결정이다.

이 선택이 쌓이면 삶의 풍경은 달라진다. 더 많은 이야기

가 남고, 더 많은 관계가 이어지고, 더 많은 시간이 사람과 함께 흐른다.

완벽하지 않은 사람들 사이에서, 그래도 함께 가는 쪽을 택하는 것. 이것이 다정함의 진정한 모습이다.

7장

다정함이 말을
단단하게 만든다

- 관계를 키우는 언어의 기준

다정한 사람은 말을 잘하기보다, 말의 순서와 방향을 신중하게 고른다. 감정을 숨기지 않되, 감정을 사실이나 판단으로 단정하지 않는다. 요구를 하더라도 상대를 깎지 않고, 관계를 깨지 않는 방식으로 말한다. 상대를 고치려 들기보다, 곁에 남아 줄 수 있는 태도를 선택한다. 필요할 때는 침묵까지도 선택하며, 말과 침묵 모두로 관계를 지켜낸다.

다정한 사람은 상대를
먼저 이해하려는 말을 고른다
- 판단보다 앞서는 질문

사람 사이의 갈등은 대부분 말이 부족해서 생기지 않는다. 충분히 알기도 전에 결론을 내려 버릴 때 관계는 쉽게 어긋난다. 그래서 관계에서 중요한 것은 말을 잘하는 능력보다, 어떤 말을 먼저 꺼내느냐다.

대화는 생각보다 빠르게 평가로 넘어간다. "왜 그렇게 했어?"라는 질문은 형식만 질문일 뿐, 잘못을 전제로 깔고 있다. 이 말이 나오는 순간, 상대는 설명하기 전에 방어부터

하게 된다. 대화는 이해가 아니라 입장 싸움으로 기운다.

다정한 사람은 이 지점에서 속도를 늦춘다. 결론을 말하기 전에 상황을 묻고, 원인을 따지기 전에 상태를 살핀다. 무엇이 옳았는지를 가리기보다, 이 사람이 어떤 자리에서 말하고 있는지를 먼저 확인한다. 그래서 질문의 방향이 다르다. "왜 그랬어?" 대신 "그때 어떤 상황이었어?"이다.

이 차이는 작아 보이지만 대화의 공기를 바꾼다. 판단이 앞선 말은 상대를 설명하게 만들고, 이해를 앞세운 말은 상대를 말하게 만든다. 설명은 방어를 부르고, 말은 관계를 이어 준다.

사람은 안전하다고 느낄 때만 자기 경험을 솔직하게 드러낸다. 이 안전은 동의나 찬성에서 오지 않는다. 섣불리 평가하지 않겠다는 태도에서 생긴다. 상대를 곧바로 규정하지 않는 질문은, "여기서는 네 이야기를 해도 된다"는 신호에 가깝다.

이해하려는 태도를 가지면 기준이 흐려질 것 같다고 걱정하는 사람도 있다. 하지만 이해는 동의가 아니다. 이해는

옳고 그름을 없애는 일이 아니라, 판단의 순서를 뒤로 미루는 일이다. 다정한 질문은 행동을 정당화하지 않는다. 다만 결론을 서두르지 않는다.

다정함은 판단보다 앞선다

이 순서가 바뀌면 이후의 말도 달라진다. 기준을 말해야 할 때도, 그 말이 덜 거칠어진다. 이미 충분히 들었다는 감각이 남아 있기 때문이다. 사람은 이해받았다고 느낄 때, 다른 관점을 받아들일 여지가 생긴다.

다정함은 말을 줄이는 태도가 아니다. 말을 더 신중하게 쓰는 태도다. 특히 처음 꺼내는 한 문장을 조심한다. 그 한 문장이 대화의 방향을 거의 결정해 버리기 때문이다.

상대를 먼저 이해하려는 말은 대개 짧다. "지금 많이 힘들어 보여." "그 상황이 쉽지 않았겠다." 이런 말들은 문제를 바로 해결하지는 않는다. 하지만 대화가 이어질 수 있는 자리를 만든다.

사람은 해결보다 먼저, 자기 자리가 지워지지 않았다는 느낌을 필요로 한다. 다정한 말은 바로 이 자리를 지켜 준다. 판단하기 전에, 너를 한 사람으로 보겠다는 표시다.

그래서 다정한 사람은 말을 서두르지 않는다. 이해가 끝나기도 전에 결론을 말하지 않는다. 이 태도 하나로, 많은 관계는 불필요하게 망가지지 않는다.

상대를 먼저 이해하려는 말을 고른다는 것은 항상 옳은 말을 하겠다는 뜻이 아니다. 관계를 깨뜨리는 말을 먼저 하지 않겠다는 선택이다. 이 선택이 쌓일수록 말은 점점 단단해진다. 그리고 그 말은 관계를 지키는 쪽으로 작동한다.

다정한 사람은 요구를
공격처럼 말하지 않는다
- 부탁과 지시의 경계

사람 사이의 말이 거칠어지는 순간은, 요구가 공격의 형태를 띨 때다. 원하는 것이 분명해질수록 말은 쉽게 날이 선다. "왜 이것도 안 해?" "그 정도는 당연히 해야지." 요구는 있지만, 그 요구 안에 상대가 설 자리는 없다. 이때 말은 전달이 아니라 압박이 된다.

많은 사람들은 요구를 분명히 해야 무시당하지 않는다고 배워 왔다. 그래서 부탁과 지시의 경계가 쉽게 무너진다. 거절의 가능성을 미리 차단하려고, 말의 톤을 세게 만든다. 하지만 이렇게 던진 요구는, 원하는 결과보다 반감을 먼저 만든다. 일은 처리될 수 있어도 관계는 동시에 손상된다.

다정한 사람은 요구를 없애지 않는다. 다만 요구를 사람의 가치와 연결하지 않는다. 무엇이 필요한지는 분명히 말하지만, 그것을 하지 않았다고 해서 상대를 부족한 사람으로 만들지는 않는다. 요구와 평가를 분리하는 것이다. 이 분리가 있을 때, 말은 공격이 아니라 조율로 작동한다.

이 차이는 말의 구조에서 분명히 드러난다. "왜 안 했어"라는 말에는 이미 판단이 들어 있다. 상대를 문제의 중심에 놓는다. 반면 "이 부분이 필요해"라는 말은 상황에 초점을 둔다. 하나는 사람을 겨냥하고, 다른 하나는 일을 겨냥한다. 대화의 방향이 여기서 갈린다.

칸트는 인간을 수단이 아니라 목적으로 대해야 한다고 말했다. 요구를 공격처럼 던지는 말은, 상대를 결과를 얻기 위한 수단으로 다루는 방식에 가깝다. 반대로 요구를 설명하는 말은, 상대를 선택할 수 있는 존재로 남겨 둔다. 말 속에 선택권이 남아 있다는 점에서, 두 방식은 전혀 다른 관계를 만든다.

다정함은 말을 다루는 기준

요구를 공격처럼 말하면, 상대는 두 가지 중 하나를 고르게 된다. 억지로 따르거나, 마음으로는 멀어지거나. 겉으로는 일이 처리될 수 있다. 하지만 그 과정에서 신뢰는 깎인다. 이 손실은 즉시 보이지 않지만, 시간이 지나 관계의 피로로 돌아온다.

반대로 요구를 상황의 언어로 말하면, 상대는 판단받지 않는다. 그래서 거절하더라도 설명이 가능하고, 받아들이더라도 덜 억울하다. 말의 목적이 명령이 아니라 조율이 되기 때문이다. 관계는 위아래가 아니라, 함께 맞추는 방향으로 움직인다.

다정한 말은 상대를 편하게 만들기 위한 말이 아니다. 일을 미루기 위한 말도 아니다. 다만 일을 하되, 관계를 깨지 않는 방식을 택하는 말이다. 결과와 관계를 동시에 고려하는 말이다. 이 둘을 함께 보려는 태도가 바로 다정함이다.

많은 사람들은 이렇게 말하면 만만해질까 걱정한다. 하지만 실제로는, 요구를 공격처럼 던지는 사람이 더 빨리 신뢰를 잃는다. 함께 일하기 어렵다는 평가가 먼저 따라오기 때문이다. 말이 세질수록 관계는 짧아진다.

요구를 분명히 하되 공격하지 않는 말은 연습이 필요하다. 감정이 올라올수록 더 어렵다. 하지만 이 연습이 쌓이면, 말은 점점 단단해진다. 흔들리지 않으면서도 불필요한 상처를 남기지 않는다.

다정한 사람들이 쓰는 말은 부드럽기만 한 말이 아니다. 필요한 말을 하되, 상대를 깎아내리지 않는 말이다. 이 차이가 관계를 오래가게 만들고, 함께 일을 이어 가게 만든다. 다정함은 결국 말을 줄이는 기술이 아니라, 말을 다루는 기준이다.

다정한 사람은 감정을
사실처럼 단정하지 않는다
– 느낌과 현실을 구분하는 말

사람 사이에 말이 꼬이기 시작하는 순간은, 감정이 사실의 얼굴을 쓰고 나올 때다. "무시당한 것 같아"가 아니라 "무시당했어"가 되고, "서운했어"가 아니라 "너는 항상 그래"가 된다. 이때 말은 느낌을 전하는 언어가 아니라, 관계의 판결문처럼 작동한다.

감정은 실제다. 분명히 느껴진다. 하지만 느껴졌다는 사실과, 그 이유가 확정되었다는 사실은 다르다. 다정한 사람은 이 둘을 구분해서 말한다. 느낀 것을 부정하지 않되, 그 것을 곧바로 상대의 의도나 성격으로 확정하지 않는다.

많은 갈등은 "나는 이렇게 느꼈다"에서 멈추지 않고, "그 래서 너는 이런 사람이다"로 넘어갈 때 커진다. 감정이 사 람의 정체성을 규정하는 순간, 대화는 설명의 자리가 아니 라 방어와 반격의 구조로 바뀐다. 상대는 말의 내용보다, 자 신이 재단되었다는 감각에 먼저 반응한다.

다정한 사람은 감정을 숨기지 않는다. 다만 감정을 증거 처럼 사용하지 않는다. 서운함을 말하되, 그 서운함이 곧 상 대의 잘못이라는 결론으로 이어지지 않게 한다. 감정은 공 유하지만, 판단은 잠시 미룬다. 이 유보가 대화를 살린다.

아리스토텔레스는 인간의 덕을 과잉과 결핍 사이의 균형 으로 보았다. 감정을 억누르는 것도 문제지만, 감정을 그대 로 휘두르는 것도 문제다. 다정함은 감정을 없애는 기술이 아니라, 감정이 결론을 독점하지 않게 하는 균형에 가깝다.

"나는 이렇게 느꼈어"라는 말에는 대화의 여지가 남아 있다. 하지만 "너는 늘 그래"라는 말에는 여지가 없다. 하나는 경험을 말하고, 다른 하나는 사람을 규정한다. 다정한 말은 늘 경험의 언어를 택한다. 판단보다 설명을 앞세우는 선택이다.

다정한 사람의 말은 정확하다

이 차이는 관계의 수명을 좌우한다. 감정을 사실처럼 단정하는 관계에서는, 시간이 지날수록 말수가 줄어든다. 어떤 말도 다시 공격으로 돌아올 수 있기 때문이다. 반대로 감정과 사실을 구분하는 관계에서는, 불편함도 말로 남는다. 그래서 감정은 쌓이기보다 정리된다.

다정함은 상대를 보호하기 위한 태도만은 아니다. 나 자신을 보호하는 태도이기도 하다. 감정을 사실로 굳혀 버리면, 나 역시 그 해석 안에 갇힌다. 관계를 복잡한 현실이 아니라 단순한 적대 구조로 만들어 버린다.

감정을 사실처럼 말하지 않는다는 것은, 감정을 소중히 다루겠다는 뜻이다. 성급한 결론으로 감정을 소모하지 않겠다는 태도다. 감정을 다루는 방식에 책임을 지겠다는 선택이다.

다정한 사람의 말은 그래서 조금 더 정확하다. 덜 자극적이지만, 더 오래 남는다. 말이 약해서가 아니라, 불필요한 오해를 만들지 않기 때문이다. 감정의 크기를 키우지 않고, 맥락을 남긴다.

다정한 사람들이 사용하는 단단한 말은, 감정을 숨기지 않으면서도 사실을 함부로 단정하지 않는 말이다. 이 말이 관계를 오래가게 만드는, 조용하지만 분명한 기준이다.

다정한 사람은 상대를
고치려 애쓰지 않는다
- 관계를 망치는 말버릇

관계가 힘들어질 때 사람은 본능적으로 해결책을 찾는다. 그런데 그 해결책은 자주 상대를 바꾸는 쪽으로 향한다. 말투를 고치고, 태도를 바꾸고, 생각을 수정해 주려 한다. 문제를 줄이기 위한 시도처럼 보이지만, 이 방향은 관계를 빠르게 경직시킨다.

상대를 고치려는 말은 대부분 선의에서 시작된다. 더 나아지길 바라는 마음, 덜 다치길 바라는 마음이다. 하지만 이 말이 반복되면 관계의 위치가 바뀐다. 상대는 동등한 대화자가 아니라, 관리와 교정의 대상이 된다. 대화는 교환이 아니라 수정의 자리가 된다.

다정한 사람은 이 지점에서 한 번 멈춘다. 무엇이 맞는지를 설명하기 전에, 이 말이 지금 필요한 말인지부터 살핀다. 상대가 조언을 요청했는지, 아니면 그저 자신의 상태를 말하고 싶은지부터 구분한다. 고쳐 주려는 말의 상당수는, 요청받지 않은 개입이기 때문이다.

계속 고쳐야 할 대상으로 여겨지는 사람은 방어부터 배운다. 반대로 판단이 줄어들면, 사람은 스스로 움직일 여지를 찾는다. 다정함은 변화를 강요하지 않고, 변화가 가능한 상태를 만든다.

존 스튜어트 밀 역시 타인의 삶에 대한 과도한 간섭이 자유를 해친다고 보았다. 의도가 선하더라도, 상대의 선택 영역을 침범하면 관계는 긴장 위에 놓인다. 상대를 바꾸려는 말은 종종 사랑의 언어처럼 포장된 통제다.

다정한 사람은 상대의 문제를 대신 해결해 주지 않는다.

대신 곁에 남는다. 무엇이 문제인지 함께 바라보되, 결론을 대신 내려주지 않는다. 이 태도는 무책임함이 아니라, 상대가 스스로 설 수 있다는 전제를 존중하는 방식이다.

다정함은 안전을 만드는 태도다

상대를 고치려 들지 않는다는 것은 아무 말도 하지 않겠다는 뜻이 아니다. 다만 말의 방향을 바꾸겠다는 뜻이다. 사람을 향한 말에서, 상황을 향한 말로 옮기는 일이다. "왜 그렇게 했어"보다 "그때 어떤 상황이었어?"라고 묻는다. 판단보다 이해를 앞세운다.

관계에서 가장 빨리 닫히는 순간은, 상대가 나를 바꾸려 한다고 느낄 때다. 그 순간 사람은 설명을 멈추고 방어를 시작한다. 다정한 말은 이 방어를 만들지 않는다. 상대를 문제로 만들지 않고, 상황을 함께 바라보기 때문이다.

누군가를 사랑한다는 이유로, 더 나은 사람으로 만들어야 한다고 믿는 경우가 있다. 하지만 변화는 압력에서 오지 않는다. 사람은 안전하다고 느낄 때만 자기 모습을 들여다볼 수 있다. 다정함은 바로 그 안전을 만드는 태도다.

상대를 고치려 애쓰지 않는 사람은 관계를 조금 더 길게 본다. 지금 당장의 정답보다, 관계가 숨 쉴 수 있는 방향을 택한다. 그래서 말은 덜 즉각적이고, 대신 덜 후회된다.

이 태도는 나 자신을 지키는 일이기도 하다. 상대를 고치려 애쓸수록 나는 점점 피로해진다. 바뀌지 않는 현실 앞에서 좌절하게 된다. 반대로 바꾸지 않겠다는 선택은, 불필요한 책임과 소모를 내려놓게 한다.

다정한 사람의 말은 그래서 단단하다. 상대를 움직이려하지 않고, 관계를 지킨다. 고치려는 말보다, 남아 주는 태도를 선택한다.

다정한 사람은 침묵을
실패로 여기지 않는다
- 말하지 않는 선택의 힘

대화가 끊기면 사람들은 불안해진다. 말을 못 했다는 느낌, 설명하지 못했다는 찜찜함이 남는다. 그래서 필요 이상으로 말을 보태고, 이미 충분한 순간에도 한마디를 더 얹는다. 침묵을 공백이나 실패처럼 여기기 때문이다.

하지만 다정한 사람은 침묵을 '빠진 말'이 아니라 '남겨둔 말'로 본다. 말을 못 한 상태가 아니라, 아직 말하지 않기로 한 상태로 받아들인다. 지금은 말이 필요한 순간인지, 아니면 말이 오히려 상황을 흐릴 순간인지를 먼저 확인한다.

침묵은 회피와 다르다. 회피는 도망이지만, 침묵은 선택일 수 있다. 감정이 정리되지 않았을 때, 판단이 서지 않았을 때, 상대의 말을 조금 더 들어야 할 때 침묵은 관계를 지키는 방향이 된다. 말을 멈추는 것이 관계에서 물러나는 일은 아니다.

아리스토텔레스는 말의 적절함을 덕의 문제로 보았다. 언제 말해야 하는지뿐만 아니라, 언제 멈춰야 하는지를 아는 것이 지혜라는 뜻이다. 이 관점에서 보면 침묵은 말의 타이밍을 다루는 능력이다.

다정한 사람은 즉각적인 반응보다 관계의 온도를 먼저 살핀다. 이 말이 지금 필요한지, 아니면 나중에 하는 것이 더 나은지 스스로에게 묻는다. 그래서 말이 줄어드는 순간이 생긴다. 하지만 그 줄어듦은 오히려 불필요한 상처를 덜어 낸다.

침묵이 불편한 이유는, 우리가 말을 통해 상황을 통제하려는 습관 때문이다. 설명하면 이해될 거라고 믿고, 말하면

정리될 거라고 생각한다. 하지만 실제로는 말이 많아질수
록 오해가 늘어나는 순간도 적지 않다.

다정함은 때로 침묵으로 나타난다

다정한 사람은 모든 상황을 말로 해결하려 하지 않는다.
때로는 말하지 않는 것이 상대를 존중하는 방식이 될 수 있
다는 걸 안다. 감정을 덜 자극하고, 판단을 미루고, 관계의
여지를 남긴다. 침묵은 관계를 방치하는 태도가 아니라, 서
두르지 않겠다는 선언이다.

침묵은 관계를 끊는 도구가 아니라, 관계를 유지하는 완
충 장치다. 말이 너무 빨리 나오지 않게 막아 주고, 감정이
과열되지 않게 시간을 벌어 준다. 이 시간 덕분에 이후의
말은 훨씬 단단해진다. 물론 침묵이 항상 옳은 선택은 아니
다. 필요한 말까지 미루면 관계는 멀어진다. 다정한 사람은
침묵 자체를 미화하지 않는다. 지금의 침묵이 도망인지, 아
니면 배려인지 스스로 점검한다.

침묵을 실패로 여기지 않는 사람은 말에 덜 끌려다닌다. 해야 할 말을 하지 못했다는 자책보다, 지금 말하지 않은 이유를 스스로 설명할 수 있다. 이 태도는 관계에서도, 자기 자신을 대하는 방식에서도 안정감을 만든다.

다정한 사람의 말이 단단한 이유는, 모든 순간에 말을 쓰지 않기 때문이다. 침묵까지 포함해 말을 선택한다. 그래서 한마디가 필요할 때, 그 말은 가볍지 않다.

침묵을 실패로 여기지 않는다는 것은 관계를 방치하겠다는 뜻이 아니다. 관계를 지키겠다는 선택이다. 이 선택이 쌓일수록 말은 줄어들지만, 신뢰는 늘어난다.

다정함은 말을 잘하는 능력이 아니다. 말하지 않아도 관계를 지킬 수 있다는 확신이다. 그리고 그 힘은, 침묵을 두려워하지 않을 때 만들어진다.

결국 사람을 움직이는 것은 다정함이다

이 책은 하나의 질문에서 시작되었다. 왜 우리는 사람 때문에 흔들리면서도 끝내 사람을 포기하지 못하는가. 살아보면 분명해진다. 인생의 중요한 순간에는 늘 사람이 있었다.

어떤 선택을 하게 만든 말, 방향을 바꾸게 만든 만남, 다시 일어설 수 있게 만든 한 사람의 태도. 우리는 혼자 결정하며 사는 것 같지만 실제로는 사람 사이에서 끊임없이 영향을 주고받으며 살아간다.

그래서 삶은 능력만으로 설명되지 않는다. 같은 조건에서도 어떤 사람과 함께하느냐에 따라 결과가 달라지고, 같은 일을 하더라도 누구와 하느냐에 따라 버틸 수 있는 힘이 달라진다. 결국 사람을 움직이는 것은 논리가 아니라 관계다.

우리는 흔히 더 정확한 판단과 더 빠른 실행이 삶을 바꾼다고 믿는다. 물론 그것도 중요하다. 그러나 시간이 지나 돌아보면, 방향을 바꾼 결정적인 순간에는 늘 사람이 있었다. 누군가의 한마디, 한 번의 만남, 한 번의 태도가 생각의 흐름을 바꾸고 선택의 방향을 바꾼다. 그래서 인생은 계획대로만 움직이지 않는다.

다정함이 사람을 살린다

사람 사이에서 조금씩 수정되고, 때로는 전혀 다른 길로 이어진다. 이 사실을 받아들이는 순간, 무엇을 준비해야 하는지도 분명해진다. 더 많은 정보를 쌓는 것보다, 사람을 대하는 방식을 점검하는 일이 더 중요해진다.

사람들은 더 정확한 정보와 더 강한 논리가 사람을 바꾼다고 믿는다. 더 잘 설명하면 상대가 이해할 것이라고 생각하고, 더 설득력 있게 말하면 결국 받아들일 것이라고 기대한다. 그러나 실제로 사람을 움직이는 순간은 다르다.

이해받았다고 느끼는 순간, 존중받고 있다고 느끼는 순간, 안전하다고 느끼는 순간에 비로소 사람은 마음을 연다. 그 전까지는 아무리 맞는 말이라도 쉽게 받아들이지 않는다. 오히려 자신을 지키기 위해 더 단단해진다.

그래서 다정함은 상대를 편하게 만들기 위한 태도가 아니라 관계를 열기 위한 조건이 된다. 감정을 단정하지 않는 이유도, 상대를 고치려 들지 않는 이유도, 침묵을 선택해야 하는 순간이 필요한 이유도 결국 하나로 이어진다. 관계가 이어질 수 있는 방향을 선택하기 위해서다.

말은 힘을 가진다. 하지만 그 힘은 내용에서만 나오지 않는다. 어떤 태도로 건네느냐에 따라 그 말의 방향이 결정된다. 같은 말이라도 어떤 사람에게는 위로가 되고, 어떤 사람에게는 압박이 된다. 다정함은 이 차이를 만들어낸다.

사람은 설득되기 전에 먼저 받아들여졌다고 느껴야 움직

인다. 이 순서가 바뀌면 아무리 좋은 말도 효과를 잃는다. 그래서 다정함은 말을 잘하는 기술이 아니라, 말이 도착할 수 있는 조건을 만드는 태도다. 상대가 스스로 생각하고 선택할 수 있는 여지를 남기는 방식이다. 이 여지가 있을 때 사람은 방어를 내려놓고 스스로 움직이기 시작한다.

다정함이 경쟁력이고 무기다

많은 사람들은 다정함을 자신을 낮추는 태도로 배워왔다. 참고, 양보하고, 맞추는 것이 관계를 유지하는 방법이라고 생각했다. 그러나 그 방식은 오래 이어지기 어렵다.

한쪽으로 기울어진 관계는 시간이 지날수록 균형을 잃기 때문이다. 그래서 다정함은 자신을 포기하는 방식이 아니라, 자신을 지키면서 관계를 이어가는 방식이어야 한다.

경계를 세우되 공격하지 않고, 거절하되 연결을 유지하며, 감정을 말하되 상대를 규정하지 않는 선택. 이 선택들이 쌓일 때 관계는 안정되고 사람은 흔들리지 않는다. 다정함은 상대를 위해서만 필요한 태도가 아니다. 나를 위해서도 필요한 방식이다.

다정함은 불필요한 소모를 줄이고, 관계의 방향을 분명하게 만들고, 상황에 휘둘리지 않도록 중심을 잡아준다.

이 태도는 단순히 관계를 편안하게 만드는 수준에서 멈추지 않는다. 결국 결과를 바꾼다. 함께 일하는 환경에서도, 개인의 선택에서도, 중요한 순간마다 영향을 미친다.

사람은 혼자 성과를 내는 것처럼 보이지만, 실제로는 관계 속에서 기회를 얻고 방향을 잡는다. 그래서 어떤 관계를 유지하느냐는 곧 어떤 삶을 선택하느냐와 연결된다.

기술은 계속 발전할 것이다. 더 많은 일이 자동화되고 더 많은 판단이 기계에 의해 이루어질 것이다. 효율은 높아지고 속도는 더 빨라질 것이다.

그러나 그 속에서도 변하지 않는 것이 있다. 사람은 여전히 사람과 함께 살아간다는 사실이다. 함께 일하고 싶은 사람, 함께 있고 싶은 사람, 다시 만나고 싶은 사람이라는 기준은 점점 더 중요해질 것이다. 그리고 이 기준을 결정하는 것은 능력이 아니라 태도다.

다정함은 그 태도의 핵심이다. 다정한 사람 곁에는 사람이 남는다. 다정한 태도는 신뢰를 만든다. 다정한 선택은 관계를 이어가게 만든다. 이 모든 것이 쌓이면 결과는 자연스럽게 달라진다. 빠르게 성과를 내는 사람보다, 오래 함께 갈 수 있는 사람이 더 중요한 순간이 온다. 그때 선택되는 기준은 결국 사람을 대하는 방식이다.

우리는 이미 알고 있다. 누군가의 말 한마디에 하루가 달라졌던 경험, 한 사람의 태도 때문에 다시 버틸 수 있었던 순간을. 그 기억들은 분명한 방향을 보여준다. 사람을 움직이는 것은 결국 사람이라는 것을. 그리고 그 사람을 움직이게 만드는 힘은 다정함이라는 것을.

다정함은 눈에 잘 드러나지 않는다. 빠른 결과를 보장하지도 않는다. 하지만 시간이 지날수록 분명한 차이를 만든다. 관계를 이어가고 사람을 남기고 결국 삶의 방향을 바꾼다. 단기적인 성과보다 더 오래가는 흐름을 만든다.

우리는 결국 사람 사이에서 살아간다. 그리고 그 사이를 어떻게 지나갈지는 우리가 선택할 수 있다. 어떤 말을 고를

지, 어떤 태도를 유지할지, 어떤 관계를 이어갈지. 이 선택들은 작아 보이지만 반복될수록 삶 전체의 방향을 바꾼다.

다정함은 그 선택의 방식이다. 상황에 끌려가지 않고 방향을 선택하는 힘이다. 사람을 소모하지 않고 관계를 이어가는 태도다. 이런 선택이 쌓일 때 삶은 더 안정되고 더 단단해진다. 결국 사람을 움직이는 것은 다정함이다.

부록

다정한 사람들이
쓰는 단단한 말

다정한 말은 상대를 설득하기 위한 기술이 아니라, 관계를 바로 세우고 이어 가는 선택이다. 감정을 인정하고 판단을 늦추며, 필요할 때는 경계를 분명히 하는 말은 상대를 바꾸기보다 관계의 흐름을 안정시키고 단단하게 만든다. 다정함은 자신을 잃지 않으면서도 상대를 존중하는 태도이며, 상황에 휘둘리지 않고 기준을 지키는 방식이다. 말 한마디의 방향이 관계의 분위기를 바꾸고, 그 분위기가 결국 결과를 바꾼다. 다정함은 감정에 기대는 태도가 아니라 선택을 통해 만들어지는 힘이며, 결국 사람 사이를 오래 이어 주는 가장 확실한 방식이다.

✦ 상대를 먼저 존중하는 말

괜찮아, 천천히 해도 돼

그럴 수 있지

네 입장도 이해돼

지금 많이 힘들어 보인다

굳이 지금 결정 안 해도 돼

네가 그렇게 느낀 데는 이유가 있겠지

설명해 줘서 고마워

그 말 하기 쉽지 않았을 텐데

네가 틀렸다고 생각하지는 않아

나한테 말해 줘서 고마워

✦ 감정을 인정해 주는 말

속상했겠다

마음이 많이 무거웠겠다

그 상황이면 나도 그랬을 것 같아

그런 기분 들 수 있어

혼자서 버티기엔 힘들었겠다

지금은 감정이 먼저 올라오는 게 당연해

애쓴 게 보여

많이 참아왔구나

그동안 쉽지 않았겠다

그 마음 이해돼

✦ 판단을 늦추는 말

바로 결론 내릴 일은 아닌 것 같아

한 번 더 생각해 보자

지금은 정리 중인 것 같아

아직 다 말이 안 된 것 같아

조금만 더 들어보고 싶어

지금은 판단보다 이해가 먼저인 것 같아

다른 가능성도 있을 것 같아

이건 단순한 문제가 아닌 것 같아

서두르지 않아도 될 것 같아

지금은 열어 두는 게 맞는 것 같아

✦ 관계를 지키는 완충 문장

오해가 있었던 것 같아

말이 조금 어긋난 것 같아

그런 의도는 아니었을 수도 있어

내가 잘못 이해했을 수도 있고

그때 상황이 어땠는지 궁금해

말이 조금 세게 나갔던 것 같아

감정이 먼저 튀어나온 것 같아

우리 둘 다 예민했을 수도 있어

다시 말해 볼 수 있을까

이건 싸우자는 얘기는 아니야

✦ 상대를 안심시키는 말

네 편이야

혼자 두지 않을게

옆에 있을게

괜찮아질 때까지 기다릴게

지금은 버거워도 괜찮아

이걸로 네 가치가 줄어들진 않아

실패해도 괜찮아

여기선 안전해

마음 놓고 말해도 돼

지금 모습 그대로도 괜찮아

✦ 경계를 세우되 다정한 말

이건 내가 조금 어렵다

지금은 그럴 여력이 없어

이 부분은 조정이 필요해

다 이해하지만, 이건 아니야

여기까지는 괜찮고 그 이상은 힘들어

나한테는 이게 중요해

그건 내가 선택하지 않을게

이건 부탁으로 남겨 줘

내 기준에서는 여기까지야

미안하지만 이건 거절할게

✦ 갈등 후 회복을 여는 말

다시 이야기해 줘서 고마워

그때는 나도 여유가 없었어

서로 오해한 것 같아

이 관계를 소중하게 생각해

여기서 멈추고 싶지는 않아

다시 맞춰볼 수 있을까

다르게 말해 볼게

이건 풀고 가고 싶어

네 말이 조금 더 이해돼

고마워, 다시 생각해 볼게

✦ 자기 자신에게 쓰는 다정한 말

지금 이 정도면 충분해

완벽하지 않아도 괜찮아

다시 해도 돼

오늘은 여기까지 해도 돼

나도 사람이다

지금의 나도 데리고 가자

너무 몰아붙이지 말자

이만큼 버틴 것도 대단해

실수해도 끝은 아니야

나한테도 조금 친절하자

✦ 관계를 오래가게 하는 말

지금 당장은 답이 안 나와도 돼

시간 두고 보자

이건 우리 둘의 문제야

같이 방법을 찾아보자

한쪽만 애쓸 일은 아니야

우리 속도가 다를 수 있어

이건 조정하면 되는 문제야

멀어지자는 얘기는 아니야

이 관계를 포기하고 싶진 않아

여기까지 온 것도 의미 있어

✦ 다정함의 핵심을 드러내는 말

너를 이해하려고 노력할게

판단하기 전에 한 번 더 들을게

지금 이 사람을 먼저 보려고 해

이건 이기고 지는 문제가 아니야

사람은 상황보다 크니까

서두르지 않아도 괜찮아

다치지 않는 방향을 찾고 싶어

관계를 망치고 싶진 않아

너를 수단으로 보지 않을게

함께 가는 쪽을 택할게

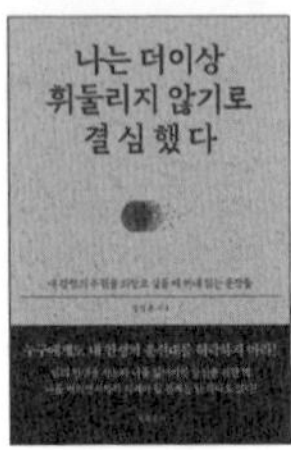

내 감정의 주권을 되찾고 싶을 때 꺼내 읽는 문장들

나는 휘둘리지 않기로 결심했다

정영훈 지음 | 값 17,000원

트라우마 결속, 불안 애착, 바뀌지 않는 사람에 대한 헛된 희망 등 우리가 관계에 휘둘릴 수밖에 없었던 7가지 심리적 패턴을 정밀하게 분석한다. 관계를 유지하기 위해 나를 버리는 행위가 얼마나 위험한 도박인지를 깨닫게 해준다. 일상에서 관계의 거리를 조절하는 구체적인 연습법을 제안하고, 독자들이 깨닫게 함으로써 악순환의 고리를 끊어내도록 돕는다.

관계를 망치지 않으면서 나를 지키는 단호한 문장의 힘

무례함이 선을 넘을 때 즉각 꺼내는 단호한 문장 63

박형석 지음 | 값 17,000원

상담과 실무 현장에서 마주한 '선을 넘는 말의 패턴'을 분석해, 감정적으로 폭발하지 않고도 대화의 규칙을 다시 세우는 언어를 제시한다. 이 책은 일상과 직장, 가족 관계에서 실제로 자주 벌어지는 무례한 장면을 한데 모아, 흔들리는 마음을 붙잡아줄 63개 핵심 대처 문장을 엄선했다.

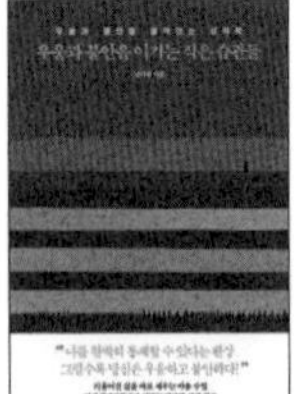

우울과 불안을 끌어안는 심리학

우울과 불안을 이기는 작은 습관들

임아영 지음 | 값 18,000원

임상심리전문가로 활동해온 저자는 우울과 불안이 위험에 대비하고 삶에 대한 성찰을 돕는 '적응적 기능'을 지녔다고 주장한다. 그는 이 책에서 '우울'과 '불안'이 발생하는 메커니즘을 설명하면서 그것을 대하는 인식의 변화를 촉구한다. 살아가는 동안 다양한 실패의 경험을 받아들이면서 균형을 찾는 게 가장 중요하다. 이 책을 통해 현실에서의 긍정성을 찾고 긍정과 부정 사이에서 삶의 균형을 맞추는 법을 배워보자.

나를 찾고자 하는 이들을 위한 철학수업

나답게 산다는 것

박은미 지음 | 값 19,000원

철학커뮤니케이터이자 철학박사인 저자는 나에게 가족이 미친 영향, 주로 의존하는 방어기제, 나의 원정서 등을 찾아 그동안 해결하기 어려웠던 마음의 문제를 해소하고 진정한 나다움을 찾을 수 있도록 돕는다. 이 책을 통해 '가짜인 나'의 모습으로 사는 것이 왜 불행한지, '진짜인 나'의 모습으로 사는 것이 왜 행복한지를 사유하게 됨으로써 '진짜 나'의 모습으로 사는 행복을 누릴 수 있을 것이다.

수백만 사람들의 마음의 상처를 치유한 REBT의 모든 것

위대한 심리학자 앨버트 엘리스의 인생 수업

앨버트 엘리스 지음 | 정유선 옮김 | 값 19,800원

세계 3대 심리학자인 앨버트 엘리스는 이 책에서 모든 정서적·행동적 문제의 근원이 '강박적인 당위적 사고'라고 말한다. 그러면서 자신과 타인, 삶의 환경에 스스로 부과한 '당위적 사고'를 찾아내 살펴보라고 조언한다. 이 책을 통해 자신과 비슷한 문제에 있는 상황과 자신의 심리적 문제 상황을 비교해보고 나의 부정적인 생각, 감정, 행동을 개선하는 데 도움을 받을 수 있을 것이다.

내 안의 나와 행복하게 사는 법

내면아이의 상처 치유하기

마거릿 폴 지음 | 값 19,800원

이 책은 자신을 사랑하고 치유하며 성장하고자 하는 이들을 위한 책으로, 주변 사람들과의 관계와 인생을 풍요롭게 해줄 수 있는 소중한 지혜와 전략이 가득하다. 이 책에서 제시하는 내면적인 유대감 형성 5단계 과정을 따라 해보는 것만으로도 곧 치유의 과정이 되어 상처받은 내면아이를 보듬고 사랑이 넘치는 삶을 살 수 있을 것이다. 이 책을 통해 더이상 혼자가 아니라는 기쁨을 느껴보자!

힘든 순간마다 철학이 건네주는 위로

사는 게 무기력하게 느껴진다면 철학

양현길 지음 | 값 18,000원

심리, 철학 주제로 10년 이상 도서 집필과 유튜브를 운영하고 있는 저자는 인생의 무의미함, 공허함 등 삶을 불행하게 만드는 요소를 철학적인 관점으로 다루고 삶의 의미를 고찰하고 해석해온 철학자들의 지혜를 담았다. 철학자들이 건네는 질문에 대해 고찰한다면 내가 원하는 방향의 의미 있는 삶을 살아갈 수 있을 것이다.

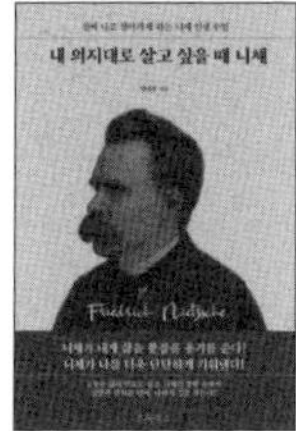

진짜 나로 살아가게 하는 니체 인생 수업

내 의지대로 살고 싶을 때 니체

양대종 지음 | 값 18,000원

저자는 니체 철학에 대한 배경 해설과 함께 우리의 삶과 연결한 사례를 제공해 누구나 일상에서 곧바로 실행할 수 있도록 실천적인 통찰로 이끈다. 니체는 삶의 위기 앞의 고통은 적이 아니라 나를 더 큰 가능성으로 이끄는 연료라고 말한다. 니체의 철학을 통해서 자신의 인생을 더 의미 있게 설계할 기회를 찾고 더욱 생명력 가득하게 살아가는 방식을 체득할 수 있을 것이다.